T0207968

essentials

essentials liefern aktuelles Wissen in konzentrierter Form. Die Essenz dessen, worauf es als „State-of-the-Art" in der gegenwärtigen Fachdiskussion oder in der Praxis ankommt. *essentials* informieren schnell, unkompliziert und verständlich

- als Einführung in ein aktuelles Thema aus Ihrem Fachgebiet
- als Einstieg in ein für Sie noch unbekanntes Themenfeld
- als Einblick, um zum Thema mitreden zu können

Die Bücher in elektronischer und gedruckter Form bringen das Expertenwissen von Springer-Fachautoren kompakt zur Darstellung. Sie sind besonders für die Nutzung als eBook auf Tablet-PCs, eBook-Readern und Smartphones geeignet. *essentials:* Wissensbausteine aus den Wirtschafts-, Sozial- und Geisteswissenschaften, aus Technik und Naturwissenschaften sowie aus Medizin, Psychologie und Gesundheitsberufen. Von renommierten Autoren aller Springer-Verlagsmarken.

Weitere Bände in der Reihe http://www.springer.com/series/13088

Hans-Werner Grunow · Christoph Zender

Green Finance

Erfolgreiche Schritte zur grünen
Unternehmensfinanzierung

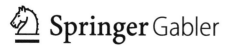

Hans-Werner Grunow
Capmarcon GmbH
Stuttgart, Deutschland

Christoph Zender
Landesbank Baden-Württemberg
Stuttgart, Deutschland

ISSN 2197-6708   ISSN 2197-6716   (electronic)
essentials
ISBN 978-3-658-28990-4   ISBN 978-3-658-28991-1   (eBook)
https://doi.org/10.1007/978-3-658-28991-1

Die Deutsche Nationalbibliothek verzeichnet diese Publikation in der Deutschen Nationalbibliografie; detaillierte bibliografische Daten sind im Internet über http://dnb.d-nb.de abrufbar.

Springer Gabler ist ein Imprint der eingetragenen Gesellschaft Springer Fachmedien Wiesbaden GmbH und ist ein Teil von Springer Nature.
Die Anschrift der Gesellschaft ist: Abraham-Lincoln-Str. 46, 65189 Wiesbaden, Germany

Was Sie in diesem *essential* finden können

- Die Gründe für die Notwendigkeit grüner Unternehmensfinanzierungen
- Die richtige Methode zur Auswahl der Projekte für Green Financing
- Die Skizze zur Gestaltung der Prozesse für grünes Finanzieren
- Die Übersicht über die nutzbaren Instrumente und wichtigsten Marktteilnehmer
- Die umfangreichen Pläne der Europäischen Union zu Green Finance
- Den Vergleich der Kosten für Green Finance mit dem daraus resultierenden Nutzen

Inhaltsverzeichnis

Die Entstehung von Green Financing 1

Keimzelle des umweltfreundlichen grünen Finanzwesens, dem Green Finance, sind die Vorstellungen und die Ziele der Vereinten Nationen (UN) in den Bereichen Umwelt und Entwicklung. Im Jahr 1992 kamen im brasilianischen Rio de Janeiro 178 Länder zusammen, um über ökologische und entwicklungspolitische Fragen des 21. Jahrhunderts zu debattieren. Grundlegende Übereinkunft bestand hinsichtlich der Absicht, global eine nachhaltige Wirtschaftsentwicklung anzustreben.

Dazu gehören ökonomische Effizienz bei gleichzeitig ökologischer Verträglichkeit und sozialer Gerechtigkeit. Zum Abschluss der Konferenz unterschrieben 154 Staaten das Abkommen der Vereinten Nationen über Klimaänderungen, die „United Nations Framework Convention on Climate Change" (UNFCCC), ein internationales Umweltabkommen mit dem Ziel, die Erderwärmung zu verlangsamen und ihre negativen Folgen zu begrenzen.

Die Vertragsstaaten der UNFCCC treffen sich seitdem jährlich zu den Weltklimakonferenzen. Als Meilensteine gelten die Konferenz in Kyoto im Jahr 1997 mit der Verpflichtung der Industrieländer, ihre Treibhausgasemissionen in den Jahren 1990 bis 2012 (später verlängert auf 2020) um mindestens fünf Prozent zu senken (United Nations 1998), und die Konferenz in Paris im Jahr 2015 mit dem Beschluss, die durch Treibhausgasemissionen verursachte Erderwärmung auf deutlich unter 2,0 °C (möglichst auf 1,5 °C) zu begrenzen und die globalen Netto-Treibhausgasemissionen in der zweiten Hälfte dieses Jahrhunderts auf null zu senken. Überdies hat die Europäische Union zugesagt, den Ausstoß an Treibhausgasen auf ihrem Territorium bis zum Jahr 2030 um mindestens 40 % gegenüber dem Jahr 1990 zu verringern (Europäisches Parlament, 06.02.2018).

Das Erreichen dieser Ziele erfordert viele Maßnahmen und Projekte und in der Folge so hohe Investitionen, dass öffentliche Gelder allein nicht ausreichen.

© Springer Fachmedien Wiesbaden GmbH, ein Teil von Springer Nature 2020
H.-W. Grunow und C. Zender, *Green Finance,* essentials,
https://doi.org/10.1007/978-3-658-28991-1_1

Aus diesem Grunde sollen auch private Gelder in erheblichem Umfang für den Klimaschutz herangezogen werden. Dies soll den gesellschaftlich gewünschten Veränderungsprozess hin zu einer klimaneutralen Volkswirtschaft beschleunigen. Finanzströme sollen bevorzugt in Investitionen gelenkt werden, die zur Verbesserung der Umweltsituation beitragen.

Zur Umsetzung dieser Pläne dienen einzelne Finanzierungen für grüne Projekte auf Unternehmensebene, das Green Financing. Dies erfolgte ausdrücklich erstmals im Jahr 2007 mit einer grünen Anleihe der Europäischen Investitionsbank (EIB). Das mit Green Financing aufgenommene Kapital dient der Finanzierung von Investitionen in erneuerbare Energien und andere umweltfreundliche Anwendungen. Die Qualität des Green Financing richtet sich nach dem konkreten Einsatz der Mittel und vor allem der dauerhaften Wirkung der angekündigten klimapositiven Effekte.

Ursprünglich als Beitrag zur Klimarettung gedacht, umfassen grüne Finanzierungen mittlerweile alle Maßnahmen im ökologischen Bereich. Dazu gehören neben einer Verringerung der Emission von Treibhausgasen auch Projekte zur sorgsameren Nutzung von Wasser, zur Verringerung von Abfall beziehungsweise zur stofflichen Wiederverwertung von Reststoffen oder zur effizienteren Nutzung von Rohstoffen.

Fünf gute Gründe für grüne Unternehmensfinanzierungen

Für Unternehmen gibt es mindestens fünf gute Gründe, sich für Green Financing „tauglich" zu machen.

- Die Beschäftigung mit grünen Finanzierungen stößt in aller Regel einen Prozess des Umdenkens im Unternehmen an – sowohl in der Geschäftsführung als auch in der Belegschaft. Das fördert die Entwicklung hin zu einer nachhaltigeren, risikoärmeren Geschäftsstrategie. Und es kann zur positiven Veränderung der Unternehmenskultur führen. Denn Klimawandel und Ressourcenverknappung werden über kurz oder lang ohnehin modifizierte Geschäftsmodelle und Unternehmensstrategien verlangen.
- Das Arrangement von grünen Finanzierungen dient als Vorbereitung, wenn die heutige (kaum standardisierte) Kür beim nachhaltigen Wirtschaften künftig in der Europäischen Union oder anderen wichtigen Wirtschaftsräumen zur Pflicht wird (Auflagen, Regulierung). Die gegenwärtigen Planungen und Vorbereitungen der Politik deuten darauf hin.
- Der Einsatz von grünen Finanzierungen, eingebettet in das passende Gesamtkonzept, lässt sich auch medial verwerten und führt meistens zu einem deutlich wahrnehmbaren Image-Gewinn.
- Die Platzierung grüner Finanzierungen ist regelmäßig mit der Ansprache zusätzlicher Investoren und „Investorentöpfe" verbunden, was die Finanzierungsbasis von Unternehmen – eventuell auch mit neuen Instrumenten – sukzessive verbreitern kann.
- Grüne Finanzierungen bedeuten den Einstieg zu mehr Transparenz hinsichtlich der Geschäftstätigkeit eines Unternehmens – auch außerhalb der zu finanzierenden Projekte und Vorhaben.

© Springer Fachmedien Wiesbaden GmbH, ein Teil von Springer Nature 2020
H.-W. Grunow und C. Zender, *Green Finance,* essentials,
https://doi.org/10.1007/978-3-658-28991-1_2

Die positiven Effekte von mehr Grün in der Unternehmensfinanzierung setzen nur einen verhältnismäßig geringfügigen Mehraufwand voraus. Die Entwicklung und Beschreibung der Nachhaltigkeitsstrategie verlangt Zeit und vor allem Kreativität (siehe auch Kap. 9). Die Strategie und das Konzept zur Umsetzung müssen mit dem operativen Geschäft abgestimmt und im Unternehmen umfassend kommuniziert werden. Darüber hinaus bedeutet die Vorbereitung auf den Einsatz von Green Finance, gerade mit Zertifizierung, eine gegenüber konventionellen Finanzierungen um Nachhaltigkeitsaspekte erweiterte Darstellung, Präsentation und Dokumentation.

Mit der Erweiterung einher gehen bei der ersten grünen Finanzierung Umstellungen in den internen Berichtsprozessen, um relevante Informationen laufend erfassen zu können. Denn Green Financing mit Zertifizierung zieht in der Regel Folgepflichten nach sich wie den Nachweis der ausschließlich grünen Verwendung der aufgenommenen Gelder und die Berichterstattung über die Entwicklung der nachhaltigen Investition und die daraus erlösten Mittel. Grüne Finanzierungen, auch mit Zertifizierung, bedeuten Kosten – abhängig von den Vorarbeiten des Unternehmens – lediglich in Höhe eines niedrigeren bis mittleren fünfstelligen Euro-Betrages sowie den Zeitaufwand für die internen Umstellungen, Erweiterungen und Erfolgskontrollen (siehe auch Kap. 9).

Letztlich: Eine Beurteilung und Bewertung nachhaltigen Wirtschaftens durch unabhängige Dritte, die Zertifizierung, kann durch die damit verbundene Bestandsaufnahme der ökologischen Vorhaben das Nachhaltigkeitsbewusstsein der Unternehmen erhöhen. Die externe Analyse kann Schwachpunkte beseitigen und Optimierungsspielräume nutzen helfen. Die aktuellen Pläne der Europäischen Union machen eine Verschärfung der Umweltanforderungen sehr wahrscheinlich; daher ist es sinnvoll, sich darauf mittels der entsprechenden Vorbereitungen und einer externen Beurteilung möglichst frühzeitig einzustellen.

Green Financing im Nachhaltigkeitsmanagement

3

Der leitende Gedanke und Sinn von Green Finance ist die Beschleunigung der gesellschaftlich gewünschten Veränderungsprozesse hin zu einer klimaneutralen Volkswirtschaft. Die besondere Finanzierungsform soll Mittel für Investitionen mobilisieren, die den Klimawandel umkehren oder zumindest erträglicher machen oder generell die Umweltsituation verbessern. Der Effekt von „grünen Finanzierungen" ergibt sich aus der Verwendung des aufgenommenen Kapitals. Die Qualität des Green Financing ist also das Resultat von tatsächlicher Wirkung des Projektes auf die Umwelt (Umfang, Stärke der Effekte) und zeitlicher Wirkung (Dauer der Effekte).

3.1 Unterstützung der Nachhaltigkeitsziele der Vereinten Nationen

Eine starke Hebelwirkung von Aktivitäten für ein klimafreundlicheres Wirtschaften wird von staatlicher Seite im Finanzsektor gesehen; dieser sei besonders geeignet, mit der Bereitstellung geeigneter Finanzprodukte den Transformationsprozess zu einer kohlenstoffarmen und ressourceneffizienten Volkswirtschaft spürbar zu unterstützen sowie zu einer besseren Anpassung an den Klimawandel beizutragen. Banken und Investoren sollen verstärkt Finanzmittel und Kapital für umweltfreundliche Verwendungen zur Verfügung stellen.

Einerseits umfasst dies die Konzeption und Bereitstellung von Finanzierungsprodukten, die Investitionen gezielt in ressourcensparende Produktion und Energiegewinnung fördern. Andererseits umfasst dies Produkte und Finanzdienstleistungen, die Menschen und betroffenen Institutionen helfen, sich gegen die Folgen des Klimawandels abzusichern – so zum Beispiel der Bau von Deichen in

© Springer Fachmedien Wiesbaden GmbH, ein Teil von Springer Nature 2020
H.-W. Grunow und C. Zender, *Green Finance*, essentials,
https://doi.org/10.1007/978-3-658-28991-1_3

Hochwassergebieten (Finanzierung) oder Wetterversicherungen für die Landwirtschaft (Finanzdienstleistung).

Bei der angestrebten Transformation der konventionellen Wirtschaft zu einer sogenannten Green Economy spielt also der Finanzsektor nach dem Dafürhalten der Politik eine entscheidende Rolle. Denn um die transformationsnotwendigen Investitionen dieses Prozesses zu ermöglichen, müssen die Finanzsysteme so leistungsfähig sein, dass sie kontinuierlich optimierte Finanzierungsprodukte und Finanzdienstleistungen bereitstellen, relevante Risiken angemessen bewerten und das erforderliche Kapital mobilisieren können. Darüber hinaus soll der Finanzsektor, Investitionen, die nicht grün, das heißt klima- und umweltschädlich sind, zunehmend kritischer bewerten.

Grundsätzlich ist die Verwendung von Mitteln aus Green Financing umso grüner, je stärker sie den Wirtschaftsprozess und die Wirtschaftsstrukturen hin zu einer klimaneutralen und umweltfreundlichen Ökonomie verändert. Besonders grün sind daher Investitionen, Projekte und Maßnahmen, die auf die Nutzung erneuerbarer, emissionsfreier Energien im Speziellen und auf die Nutzung erneuerbarer Ressourcen im Allgemeinen setzen. Mit diesem Ansatz trägt Green Financing auch zum Erreichen einiger (gekennzeichnet mit „▶") der 17 Ziele der vereinten Nationen für eine nachhaltige Entwicklung bei (siehe Kasten; United Nations 2015, S. 14).

Hintergrundinformation
UN Sustainable Development Goals

Ziel 1	Armut bekämpfen.
Ziel 2	Hunger bekämpfen und Ernährungssicherheit für alle schaffen.
Ziel 3	Gesundheit durch medizinische Versorgung gewährleisten und das Wohlergehen fördern.
Ziel 4	Hochwertige Bildung weltweit ermöglichen.
Ziel 5	Gleichstellung der Geschlechter erreichen.
Ziel 6	Zugang zu sauberem Wasser und zu sauberen Sanitäreinrichtungen ermöglichen.
Ziel 7	▶ Erzeugung von sauberer und bezahlbarer Energie anstreben.
Ziel 8	Nachhaltiges Wirtschaftswachstum und Beschäftigung bei gleichzeitig menschenwürdigen Arbeitsbedingungen gewährleisten.
Ziel 9	▶ Nachhaltige Industrieentwicklung und Infrastruktur fördern sowie die Innovationskraft stärken.
Ziel 10	Ungleichheiten zwischen Ländern und innerhalb von Gesellschaften abbauen.
Ziel 11	▶ Nachhaltige Entwicklungen in Städten und Gemeinden anstreben.
Ziel 12	▶ Konsumverhalten und Produktionsprozesse nachhaltiger gestalten.
Ziel 13	▶ Maßnahmen zum Klimaschutz forcieren.
Ziel 14	▶ Schutz der Meere, Seen, Flüsse hinsichtlich Fauna und Flora.
Ziel 15	▶ Umweltschutz (Fauna und Flora) zu Land.

Ziel 16 Menschenrechte, Frieden und Gerechtigkeit sichern durch starke staatliche Insti-
tutionen.
Ziel 17 Weltweite Partnerschaften zum Erreichen dieser Ziele schließen
(▶ Beitrag des Green Financing zum Erreichen der UN-Nachhaltigkeitsziele)

3.2 Die unterschiedlichen Formen nachhaltiger Finanzierungen

Grünes Wirtschaften und grünes Finanzieren bewegt sich im dreidimensionalen
Raum. Dimension I ist die Art des nachhaltigen Vorhabens, also zum Beispiel
Umwelt- oder Sozialaspekte. Dimension II ist die Qualität des nachhaltigen Vorhabens, also die Stärke und die Dauer der daraus resultierenden positiven Effekte
für die Umwelt. Dimension III ist das Instrument der für dieses Vorhaben erforderlichen Finanzierung, also Eigenkapital oder Fremdkapital und die Kategorie und
die Struktur des eingesetzten Finanzierungsinstruments (siehe auch Kap. 7).

Dimension I (Art des Vorhabens)
Nachhaltiges Wirtschaften umfasst die gesamte Bandbreite an Kriterien für
ein im gesellschaftlichen Sinne wünschenswertes Agieren und weltweites
Zusammenarbeiten. Das „grüne" Wirtschaften konzentriert sich dabei auf die
Umweltaspekte. So haben Green Finance (die Gesamtheit und Struktur aller
Finanzierungen für umweltfreundliche Maßnahmen) und Green Financing (die
einzelne Finanzierung einer umweltfreundlichen Maßnahme) – oder: Grünes
Finanzwesen und Grüne Finanzierung – den Ursprung in der Entwicklungs-
zusammenarbeit von Staaten und der Privatwirtschaft zur Finanzierung von Maß-
nahmen oder Projekten im Umweltbereich, insbesondere zum Klimaschutz.

Social Finance soll in Ergänzung den gesellschaftlich gewünschten Veränderungsprozess zur sozialen und menschenrechtskonformen Volkswirtschaft
beschleunigen, indem Finanzströme bevorzugt in Investitionen gelenkt werden,
die zur Verbesserung der gesellschaftlichen Situation von Menschen beitragen.
Diese Projekte werden häufig auf staatlicher Ebene, vereinzelt auch von Banken
umgesetzt.

Sustainable Finance als Oberbegriff soll den gesellschaftlich gewünschten
Veränderungsprozess zur nachhaltigen Volkswirtschaft beschleunigen, indem
Finanzströme bevorzugt in Investitionen gelenkt werden, die ein Interessengleich-
gewicht der Individuen herbeiführen und die zur dauerhaften Verbesserung der
Situation in Ökonomie, Ökologie und Gesellschaft beitragen. Dies umfasst ausdrücklich auch Vorhaben zur Verbesserung von Coporate Governance und Com-
pliance-Systemen.

Erneuerbare Energie In der Regel entsprechen Vorhaben im Bereich der erneuerbaren Energien nahezu perfekt dem Gedanken des Klimaschutzes und damit den offiziellen Klimaschutzzielen. Doch es können auch negative Effekte von diesen Projekten ausgehen. Daher ist zusätzlich zu prüfen, ob das jeweilige Projekt eventuell ungünstige (Umwelt-)Wirkungen auf lokaler Ebene entfaltet, beispielsweise auf die biologische Vielfalt. Dieser Aspekt ist besonders wichtig bei großen Wasserkraftprojekten (Bau von Staudämmen) oder Offshore-Wind-parks. Das Gleiche gilt für Projekte zur Gewinnung von Biokraftstoff, die in sinnvoller Weise einer Lebenszyklusanalyse unterworfen werden sollten: Denn werden dabei nicht nur „Abfälle" aus Wäldern oder der Landwirtschaft verwendet, stellt sich die Frage nach der schädlichen Wirkung eines großflächigen Einschlags in Waldgebiete oder nach der Verdrängung des Nahrungsmittelanbaus. Andere Biokraftstoffquellen erfordern ausreichende analytische Sorgfalt, um sicherzustellen, dass sie hinsichtlich der Gesamtemissionen an Treibhausgasen (Lebenszyklusanalyse) wirklich eine Verbesserung bringen.

Energieeffizienz Energieeffizienzprojekte sind zunächst für eine ganze Reihe von Sektoren sinnvoll. Doch kann der anfängliche Klimavorteil schon mittelfristig zum Nachteil werden. Denn ein Projekt mit langer Lebensdauer kann die Treibhausgasemissionen sogar insgesamt erhöhen. Auch könnte die anfängliche Senkung eines Energieverbrauchs aufgrund von Effizienzgewinnen schnell ins Gegenteil umschlagen: Wenn zum Beispiel ein geringerer Heizenergieverbrauch pro Quadratmeter in Gebäuden dazu führt, dass bei gleichbleibenden Energiepreisen der Umfang der beheizten Quadratmeter steigt. Das Gleiche gilt für Effizienzverbesserungen im Automobil, bei dem die gefahrenen Kilometer mit sinkenden Treibstoffkosten steigen könnten. Echte grüne Projekte hingegen werden – über eventuelle vorübergehende Effizienzverbesserungen – auf jeden Fall zu emissionsfreien Lösungen führen und nicht nur zu marginalen Verbesserungen bei Technologien, die keine endgültig emissionsfreien Lösungen bieten. Diese Gefahr besteht gerade bei Immobilien, hinsichtlich derer die Wirkung einer einmal gewählten technischen Lösung oftmals auf Jahrzehnte „zementiert" wird.

Logistik Der Fokus auf öffentliche Verkehrsmittel als „sauberer Transport" ist im grünen Sinne wichtig. Doch basiert auch der öffentliche Personennahverkehr (ÖPNV) noch (wesentlich) auf fossilen Brennstoffen. Zu den bewährten Vorhaben in diesem Bereich gehören der Ausbau einerseits des öffentlichen Verkehrs bei gleichzeitiger Nutzung erneuerbarer Energiequellen und andererseits der Rad- und Fußgängerinfrastruktur. Verbesserte Logistikkonzepte hingegen können negative Wirkungen auf Natur und Klima lediglich lindern, nicht aber beseitigen.

Die Anforderungen an wirklich grüne Vorhaben in diesem Bereich sind vergleichsweise hoch. Gute Wirkung hat in der Regel die Elektrifizierung von Transportmitteln ohne zusätzlichen Landverbrauch bei gleichzeitiger Nutzung von Strom aus erneuerbaren Energien.

Wassermanagement Bei der Beurteilung von Wasserprojekten ist in der Regel ein integrierter Ansatz zur Zielerreichung und zu den in der Regel ausgelösten Nebenwirkungen sinnvoll. Ein solcher Ansatz umfasst zum Beispiel die Wirkung von zusätzlichen Wassergewinnungsanlagen in sehr trockenen Gebieten und die gleichzeitige Auswirkung auf das Grundwasser. Oder er umfasst zum Beispiel im Hochwasserschutz die Wirkung von Maßnahmen wie der Bau von Dämmen und deren Auswirkungen auf die biologische Vielfalt. Das grüne Wassermanagement berücksichtigt nicht nur die zu erreichenden Ziele, sondern immer auch die damit verbundenen Kosten im Sinne meist komplexer Nebenwirkungen, die fast nie ganz zu vermeiden sind.

Land- und Forstwirtschaft Der Effekt von Vorhaben in diesem Bereich lässt sich in vielen Fällen mittels etablierter internationaler Standards und Zertifizierungsregeln beurteilen. Relevant sind zum Beispiel für Projekte in der Forstwirtschaft die Prinzipien des Forest Stewardship Council (FSC) oder das Programm für die Anerkennung von Waldzertifizierung (PEFC). Anerkannte Standards für Projekte in der Landwirtschaft sind der Roundtable on Sustainable Palm Oil (RSPO) oder der Roundtable on Responsible Soy (RTRS). Hingegen sind Ansätze wie PES (Payments for Ecosystem Services), also Zahlungen zum Beispiel von Staaten, Unternehmen oder Privatkunden an Landwirte für Dienstleistungen im Ökosystem (Verzicht auf bestimmte Schädlingsbekämpfungsmittel oder der Anbau bestimmter Pflanzensorten) wegen nicht seltenen Missbrauchs sehr sorgfältig zu prüfen. Dieses umweltökonomische Instrument gibt zwar Anreize zu bestimmten Verhaltensweisen im Ökosystem – Landwirte oder Grundbesitzer (Dienstleistungsverkäufer) erhalten Ausgleichszahlungen von Nutzern oder Profiteuren (Dienstleistungskäufer) für ein ökologisch sinnvolles, aber ökonomisch ungünstiges Verhalten –, aber meist ist damit keine korrekte Kontrolle der Leistungslieferung verbunden. Gleiches gilt für Reduced Emissions from Deforestation and Forest Degradation (REDD+), der nachhaltigen Waldbewirtschaftung und des Ausbaus des Kohlenstoffspeichers Wald in Entwicklungsländern. In beiden Fällen besteht die Gefahr von fehlender Governance und des Versickerns von Geldern. Diese Projekte sollten immer auch Klauseln beispielsweise zum Schutz der Artenvielfalt und der lokalen Gemeinschaften enthalten.

Abfallmanagement Die Verbrennung von (Rest-)Müll mit Energierück-
gewinnung – anstatt Verbrennung petrochemischer Rohstoffe – ist eine vergleichsweise umwelt- und klimaverträgliche Praxis zur Verringerung der
Deponierung. Ein Land oder eine Gemeinde mit einer großen Verbrennungs-
kapazität könnte jedoch versucht sein, der Müllverbrennung für Energiezwecke
Vorrang vor dem Recycling einzuräumen. Die beste Praxis für Abfallprojekte
konzentriert sich daher auf das Recycling von Abfällen fossilen Ursprungs – wie
zum Beispiel die Verwertung von Kunststoffen für neue Einsatzstoffe. Weitere
bewährte Vorhaben im Abfallmanagement für Green Financing sind die Methan-
abscheidung und die Methanvernichtung auf Deponien sowie die Entwicklung
von Anlagen zur Behandlung organischen Abfalls mittels Kompostierung oder
Erzeugung von Biogas.

Immobilien Die meist lange Lebensdauer von Gebäuden ist aus grüner Sicht
im wahrsten Sinne des Wortes „Fluch und Segen" zugleich. Einerseits bieten
immobilienbezogene Vorhaben die Möglichkeit zu maximaler Energieeffizienz
mit einem nur CO_2-schwachen oder sogar CO_2-freien Fußabdruck (nach Fertig-
stellung). Andererseits können die falschen Maßnahmen, vor allem in neuen
Gebäuden, vermeidbare Emissionen über einen relativ langen Zeitraum fest-
schreiben. Nationale und internationale Gebäudezertifizierungen können ein
erster Schritt sein, um die Auswirkungen der Gebäudebewirtschaftung auf die
Umwelt zumindest sichtbar zu machen. Aber – abgesehen von der tatsächlichen
Eignung dieser Standards – auch hier besteht die Gefahr von Rückschlageffekten,
wenn zum Beispiel Mieter in energieeffizienten Gebäuden die sinkenden Energie-
kosten für einen höheren Stromverbrauch oder eine höhere Raumtemperatur nutzen. Deshalb sollten die Projektinitiatoren nicht allein auf die Energieeffizienz
der Gebäude achten, sondern gleichzeitig in Zusammenarbeit mit den Mietern
Wert legen auf die Entwicklung von Nutzungsprogrammen, die den ökologischen
Fußabdruck verbessern.

Klimaanpassung Green Financing für Anpassungsvorhaben (zum Beispiel
Sicherungsmaßnahmen für Hochwassersituationen, Aufforstungsprogramme nach
Sturmschäden oder umweltschonende Bewässerungssysteme bei zunehmenden
Dürreperioden) werden hauptsächlich von Entwicklungsbanken und Kom-
munen realisiert; ihre bremsenden Effekte auf den Klimawandel sind im Ver-
gleich mit Vorhaben zur Vermeidung oder Verringerung aber sehr gering. Ideale
Anpassungsvorhaben zielen darauf ab, Lösungen zu finden, die Klimaneutrali-
tät gewährleisten (zum Beispiel leistungsfähige Stromnetze, sogenannte „Smart

Grids", zur effizienteren Energieverteilung und -speicherung). Nichtsdestotrotz können auch weniger leistungsstarke Anpassungsprojekte ihren Beitrag leisten zur Linderung unerwünschter Veränderungen aufgrund des Klimawandels (zum Beispiel leistungsfähige Logistikkonzepte zur Versorgung von durch den Klimawandel belasteten Regionen).

Dimension II (Qualität des Vorhabens)
Grundsätzlich gibt es also mehrere Bereiche, in denen sich „grüne" Finanzierungen realisieren lassen. Doch nicht jedes Projekt innerhalb dieser Bereiche ist „in gleichem Maße grün". Deshalb ist der richtige Bereich zwar notwendige Voraussetzung für Green Finance, aber nicht hinreichende. Die Qualität eines grünen Projektes hängt deshalb von einer Reihe unterschiedlicher Faktoren ab: Bereich, Effekt beziehungsweise Impuls (Effektivität), Umfang und Dauer, Wirtschaftlichkeit (Effizienz). Die Vorgehensweise bei entsprechenden Qualitätsbewertungen beschreibt Kap. 5.

Dimension III (Finanzierungsinstrument für das Vorhaben)
Grünes Fremdkapital (Anleihe, Schuldscheindarlehen, Bankkredit) findet in der Regel immer dann Einsatz, wenn bestimmte, abgrenzbare Vorhaben und Projekte oder „vollständig grüne" Geschäftstätigkeit finanziert werden sollen. Dies sind beispielsweise Anlagen zur emissionsfreien Energieerzeugung oder Produktionsumstellungen zur Nutzung erneuerbarer Rohstoffe oder die Herstellung von Windkrafträdern beziehungsweise die Erzeugung von Solarenergie. Grünes Eigenkapital (Aktie) wird eingesetzt, wenn das Geschäftsmodell eines Unternehmens grün ist oder die Geschäftstätigkeit eines Unternehmens insgesamt ein (sehr) hohes Nachhaltigkeitsniveau erreicht hat. Eine Übersicht zu den gebräuchlichsten Instrumenten gibt Kap. 7.

3.3   Großes Engagement für große Wirkung

Eine ganze Reihe der heutigen grünen Finanzierungsmaßnahmen hat zweifellos eine positive Umweltwirkung, die überwiegende Zahl dieser Maßnahmen löst – selbst unter Berücksichtigung ihres naturgemäß sehr geringen absoluten Umfangs – aber keine entscheidenden oder nur kaum wahrnehmbare Impulse zur Klimaverbesserung aus. Daher sollten, gerade auch bei Investoren, vor allem Maßnahmen und Projekte Beachtung finden, die den Umweltschutzgedanken besonders engagiert angehen und in ihrem Wirkungsbereich deutlich spürbare relative Effekte initiieren.

Vor diesem Hintergrund realisiert Green Financing im engsten Sinne Vorhaben, die:

- Bei nahezu gleicher technischer Wirkungsleistung eine Vermeidung oder (unmittelbare) Verringerung von negativen Umweltwirkungen bringen.
- Ressourcen schonen, wie zum Beispiel den bevorzugten Einsatz erneuerbarer Materialien.
- Schädliche Emissionen in die Luft drastisch senken, wie zum Beispiel mit dem Einsatz erneuerbarer Energien.

Green Financing im engeren Sinne realisiert Vorhaben, die Ressourcen effizienter einsetzen, wie zum Beispiel optimierte Prozesse und Verfahren oder die unvermeidliche Umweltbelastungen verringern, beziehungsweise vollständig eliminieren, wie zum Beispiel städtische Kläranlagen.

Green Financing im weiteren Sinne realisiert auch Vorhaben, die vermeidbare Umweltverschmutzung lindern (wie zum Beispiel Filteranlagen für Industrieanlagen oder Automobile) oder die negative Auswirkungen des Klimawandels abschwächen (wie zum Beispiel Hochwasserdeiche oder Wetterversicherungen).

Investitionen in emissionsreduzierende Anlagen bei der konventionellen Energieerzeugung sind daher nur sehr bedingt „grün", weil sie die traditionelle Energiegewinnung nur modernisieren, aber nicht ersetzen, und womöglich die Lebenszeit dieser Technik in ungewünschter Weise verlängern. So ist die Umstellung eines Kraftwerks von Kohle auf Gas als Energiequelle „nur wenig grün", weil weiterhin fossile statt erneuerbarer Ressourcen genutzt werden und durch die lange Amortisationszeit von Kraftwerken der CO_2-Ausstoß, wenngleich verringert, weiter für viele Jahre garantiert ist (nachrichtlich: Eine Kilowattstunde in einem Steinkohlekraftwerk erzeugte Energie verursacht einen CO_2-Ausstoß von 370 g, eine Kilowattstunde in einem Gaskraftwerk nur 200 g).

Auch sind alle Maßnahmen zur Eindämmung der negativen, zum Beispiel vom Automobil mit Verbrennungsmotor ausgehenden Effekte, nur „sehr bedingt grün". Die Zukunft des klima- und nahezu ressourcenneutralen Transports liegt zuvorderst im öffentlichen Verkehr und nicht im Individualverkehr. Wirkliche „grün" finanzierte Vorhaben verändern Strukturen und Gewohnheiten, anstatt nur die negativen Effekte bestehender Verhaltensweisen zu verringern.

Ein erheblicher Teil der grünen Fremdfinanzierungen monetarisiert sauberere oder erneuerbare Energien (etwa 25 %) und umweltfreundliche Infrastrukturvorhaben (etwa 25 %). Weitere nennenswerte Teile entfallen auf nachhaltige Transport-/ Logistikvorhaben (etwa 15 %) sowie nachhaltige Bauleistungen und Immobilien (etwa 15 %). Grüne Finanzierungen im Industriebereich zur Optimierung von

Produktionsprozessen oder zur Verringerung von Emissionen machen etwa 10 % des Gesamtvolumens aus. Der verbleibende Teil finanziert zum Beispiel Recycling-Projekte oder Vorhaben im Sozialbereich.

Dabei entfallen insgesamt über 90 % der mit Green Financing erlösten Mittel auf Vermeidungsprojekte, nur der weit geringere Teil auf Anpassungsprojekte.

Eine allgemein gültige Aussage zum „Grünheitsgrad" von Vorhaben lässt sich kaum treffen, dazu sind die einzelnen Projekte zu individuell und zu unterschiedlich. Die nachstehende Übersicht (Tab. 3.1) gibt Hinweise, in welche Kategorie ein Vorhaben fallen könnte.

Tab. 3.1 Eignung von Vorhaben für Green Financing (Beispiele)

Ausgezeichnete Eignung (Verhinderung/Vermeidung von negativen Umweltwirkungen)
Energie: Nutzung erneuerbarer Energieträger (Solar, Wind, Biomasse, Wasser, Geothermie). Effiziente Energieverteilung, leistungsfähigere Speicher. Verringerung der Emissionen in die Luft
Wassermanagement: Effiziente und nachhaltige Wassernutzung, Trinkwasseraufbereitung. Verbesserung von Wassertransport und Bewässerung. Verringerung der Abwassermenge, Abwasserreinigung
Ökomanagement: Umweltfreundliche Land-, Forst-, Fischereiwirtschaft. Verringerter Einsatz von Pestiziden und Herbiziden. Aufforstungsprojekte, Wiederherstellung von Ökosystemen, Schutzmaßnahmen gegen Bodenerosion. Flussrenaturierung und -erhaltung
Gute Eignung (Verringerung von negativen Umweltwirkungen)
Industrie: Deutliche Verbesserung der Energieeffizienz und der Emissionsbilanz (Technologien, Verfahren, Ausrüstungen, Anlagen). Signifikante Verringerung des Materialverbrauchs und Ressourceneffizienz (Forschung & Entwicklung, Kreislaufwirtschaft, Recycling)
Immobilien: Entwicklung und Bau autarker oder klimaneutraler Gebäudesysteme. Einsatz von Baustoffen und Materialien aus erneuerbaren Quellen
Logistik: Schienenverkehrsprojekte einschließlich Bauarbeiten, Erwerb von Anlagen, Verbesserung der Technologie und der Energieeffizienz von Transportsystemen (in der Regel mit regenerativen Energien angetrieben). Projekte in den Bereichen Bahnnetze (Stadtbahn, U-Bahn, Einschienenbahn). Bussysteme, kombinierte Verkehrsträger, Elektrofahrzeuge (betrieben mit Strom aus regenerativen Energien)

(Fortsetzung)

Tab. 3.1 (Fortsetzung)

Durchschnittliche Eignung (Verringerung von negativen Umweltwirkungen)
Immobilien: Bau, Betrieb und Erhaltung „grüner" Gebäude und Infrastruktur. Nachhaltige Umgestaltung bestehender Gebäude. Verbesserung der Gebäudehülle. Effizientere Energie- und Wasserversorgung/-speicherung **Logistik:** Entwicklung, Anschaffung, Einsatz nachhaltiger Transportsysteme. Elektrofahrzeuge (sofern nicht ausschließlich mit Strom aus regenerativen Quellen betrieben), energieeffiziente Fahrzeuge, Ladestationen für Elektrofahrzeuge (sofern nicht ausschließlich mit Strom aus regenerativen Quellen betrieben). Fahrzeuge mit Antrieb durch alternative statt fossile Brennstoffe, effizientere Logistik-/Transportkonzepte **Telekommunikation:** Datenübertragung und Rechenzentren mit Nutzung erneuerbarer Energien. Effizientere Produkte und Technologien

Mäßige Eignung (Begrenzung von negativen Umweltwirkungen)
Energie: Müllverbrennung, Energie aus Abfall (Vergasung). Wasserkraft aus großen Anlagen. Bioenergie aus Lebens- und Futtermitteln. CO_2-Speicherung. Sicherheitstechnik für Nuklearenergie **Industrie:** Geringfügig effizientere Produkte. Nicht erhebliche Senkung des Gesamtenergieverbrauchs. Marginal effizientere Produktionsprozesse **Land- und Forstwirtschaft (Anpassung):** Pflanzungen mit besserer Fähigkeit zur CO_2-Bindung oder höherer Widerstandskraft im Klimawandel **Wassermanagement (Anpassung):** (Hoch-)Wasserschutz inklusive Brückenbau **Immobilien (Anpassung):** Klimaregelsysteme in Gebäuden einschließlich Effizienzverbesserungen

Keine Eignung (keine positiven Umweltwirkungen)
Energie: Nuklearenergie (Ausnahme Frankreich), Energie aus fossilen Brennstoffen **Industrie:** Nur geringfügig bessere Effizienz bei fossilen Brennstoffen. Nur geringfügige Energieeinsparungen bei fossilen Brennstoffen **Abfallmanagement:** (Müll-)Deponien und Geländeauffüllung, Müllverbrennung ohne Energiegewinnung **Logistik:** Schienenverkehr in Verbindung mit fossilen Treibstoffen **Land- und Forstwirtschaft:** Rodung, Torfgewinnung

Quelle: Eigene Darstellung

Die Schritte zur erfolgreichen Umsetzung von Green Financing 4

Green Financing bietet sich als Alternative zur konventionellen Finanzierung an, wenn einerseits bestimmte Projekte die Nachhaltigkeitsleistung und insbesondere die Klimafreundlichkeit eines Unternehmens signifikant verbessern (Grüne Projekte) oder andererseits das Geschäftsmodell eines Unternehmens auf Nachhaltigkeit basiert, beziehungsweise sich wesentliche Teile der Geschäftstätigkeit auf einem hohen Nachhaltigkeitsniveau befinden (Grüne Geschäftsmodelle). Die dafür benötigten Finanzmittel lassen sich dann im Rahmen „grüner" Finanzierungen arrangieren. Dabei ist die Vorgehensweise jeweils gleich und gliedert sich in mehrere aufeinanderfolgende Schritte.

4.1 Auswahl von grünen Konzepten

Grüne Geschäftsmodelle Entwicklung oder (wenn bereits vorhanden) Abgrenzung eines Geschäftsmodells, das a) entweder Nachhaltigkeit zum Gegenstand hat oder b) das sehr viele Nachhaltigkeitskomponenten aufweist und die traditionelle Geschäftsstrategie mit der Nachhaltigkeitsstrategie verschmolzen hat. Dies sind zum Beispiel Unternehmen, die: a) entweder zu einem hohen Anteil wichtige Anlagenteile zur Erzeugung regenerativer Energien produzieren – zum Beispiel Hersteller von Solarzellen, Windrädern oder von Seekabeln, die Strom von Offshore-Windparks zum Festland leiten – oder b) ihren nicht per se nachhaltigen Geschäftsbetrieb streng nach nachhaltigen Kriterien ausrichten (zum Beispiel Handelsunternehmen, die ihre Logistik nachhaltig und klimafreundlich organisieren sowie ihre gehandelten Produkte unter Nachhaltigkeitsgesichtspunkten über die gesamte Wertschöpfungskette auswählen).

© Springer Fachmedien Wiesbaden GmbH, ein Teil von Springer Nature 2020
H.-W. Grunow und C. Zender, *Green Finance*, essentials,
https://doi.org/10.1007/978-3-658-28991-1_4

Grüne Projekte Entwicklung einer Nachhaltigkeitsstrategie, des sogenannten Green Framework. Identifizierung oder Abgrenzung von Projekten und Maßnahmen, welche die Nachhaltigkeitsbilanz eines Unternehmens verbessern, insbesondere die direkte und/oder indirekte Emission von Treibhausgasemissionen verringern. Dazu gehören auch Vorhaben, die zur Vermeidung von negativen Umweltwirkungen dienen. Dies umfasst – mit jeweils unterschiedlichen Eignungs- und Qualitätsgraden – zum Beispiel: Energieprojekte zur Nutzung regenerativer Energien, Energieprojekte zur Verbesserung der Energieeffizienz, Ver-/ Entsorgungsprojekte, Agrarprojekte, Industrieprojekte, Logistikprojekte, Immobilienprojekte, Telekommunikationsprojekte. Für Vorhaben wie beispielsweise Änderungen im Betriebsablauf, Beschaffungsregeln oder Verhaltensmaßnahmen gelten obige Themenbereiche in gleicher Weise. Dies gilt ebenso für Vorhaben/ Projekte aus den Bereichen Gesellschaft/Soziales und Corporate Governance; hier sind allerdings die Umfänge und Finanzierungsvolumina deutlich geringer.

4.2   Nachhaltigkeitsanalyse

Grüne Geschäftsmodelle Das gewählte Geschäftsmodell wird anhand zahlreicher Kriterien auf seine Eignung hin für Nachhaltigkeit und nachhaltiges Wirtschaften untersucht und bewertet (siehe auch Abschn. 5.2 ESG-Rating). Dies geschieht in den Bereichen Ökologie (insbesondere Klimawirkung), Gesellschaft/Soziales (Mitarbeiter-/Kundenpolitik) und Unternehmensführung (Corporate Governance, Compliance, Risikomanagement). Dabei geht es immer um die über das Selbstverständliche – wie Einhaltung der gesetzlichen Umweltvorschriften – hinaus gehenden Leistungen. Diese Untersuchung zur Feststellung der Nachhaltigkeitsqualität kann das Unternehmen entweder selbst durchführen oder ein geeignetes Beratungsunternehmen oder eine entsprechende Rating-Agentur hinzuziehen.

Grüne Projekte Das gewählte Vorhaben/Projekt wird anhand mehrerer Kriterien auf seine Eignung hin für Nachhaltigkeit und nachhaltiges Wirtschaften untersucht und bewertet. Dies geschieht in erster Linie im Hinblick auf die Umweltwirkung. Berücksichtigt werden sowohl direkte Umwelteffekte als auch indirekte Umweltanpassungen, zum Beispiel:

- Positive Umwelteffekte von Maßnahmen an Gebäuden, bei der industriellen Effizienz, in der Energieinfrastruktur, im Verkehr oder bei der Wassernutzung. Indikatoren der Wirkungsanalyse können hier CO_2-Emissionen oder Abfallvolumina sein.

• Effektive Anpassungen zur Verbesserung der Widerstandsfähigkeit gegenüber den Folgen des Klimawandels – wie Deiche zum Hochwasserschutz. Indikatoren der Wirkungsanalyse können das Kosten-Nutzen-Verhältnis oder die Schätzung der Schadensminderung im Ereignisfall sein.

Zur nachvollziehbaren Bewertung des Projektes gehört eine Kosten-Nutzen-Analyse, um zuvorderst die Vorteile für die Umwelt aufzuzeigen. Die betriebswirtschaftlichen Vorteile der Ressourcenbereitstellung für das Unternehmen als Kapitalnehmer ermittelt eine Effizienzbewertung über die Investitions- und Finanzierungsrechnung.

4.3 Konzeptstruktur und Abgrenzung

Grüne Geschäftsmodelle Fokussierung des Wirtschaftens auf nachhaltige Aktivitäten. Die Struktur wird so gewählt, dass eine Verwässerung des nachhaltigen Geschäftsmodells vermieden wird. Dies bedeutet eine weitestgehende Reduzierung des nicht nachhaltigen Geschäftes. Falls dennoch nennenswerte nicht nachhaltige Aktivitäten feststellbar sind, werden diese vom nachhaltigen Geschäft abgetrennt. Eine fortlaufende Überprüfung des Geschäftsmodells/der Geschäftsstrategie sichert die ausreichende Nachhaltigkeit. Spezifika nachhaltiger Modelle sind (Beispiele):

• Auswahl eines nachhaltigen Geschäftsgegenstandes.
• Einsatz nachhaltiger Energiequellen.
• Möglichst effiziente Organisation der betrieblichen Prozesse.
• Verwendung erneuerbarer Rohstoffe.
• Weitgehende Verringerung von Risiken (Compliance, Optimierung Risikomanagement).
• Nachhaltige Beschaffung.
• Mitarbeiterorientierte Personalpolitik und kundenorientierte Vertriebspolitik.

Grüne Projekte Isolierung des Projektes vom übrigen Geschäftsbetrieb zur zweifelsfreien Nachhaltigkeitsbeurteilung. Strukturierung des Projektes als „Solitär", um eine Vermengung mit nicht nachhaltigen Aktivitäten zu vermeiden. Dafür wird ein Konzept zur separierten Verwendung und Verwaltung der aufgenommenen Finanzmittel entwickelt. Die erlösten Finanzmittel werden in der Erfassung der Geschäftszahlen abgegrenzt, um eine Verwendung für andere Zwecke als die beabsichtigten umweltfreundlichen Vorhaben auszuschließen. Eine

„physische" Trennung der Zahlungsströme ist hingegen nicht entscheidend; wichtig ist vielmehr, dass die Summe der Investitionen/Aufwendungen für das Projekt gleich der Summe der durch die grüne Finanzierung erlösten Mittel ist und dass die Erträge nicht in den „allgemeinen Erlöstopf" des Unternehmens fließen.

4.4   Konzeptmanagement

Grüne Geschäftsmodelle Ein nachhaltiges Geschäftsmodell besitzt leistungsfähige Kontrollmechanismen, um Nachhaltigkeit dauerhaft zu machen. Dazu gehören zum Beispiel:

- Die Kontrolle der gesamten Wertschöpfungskette.
- Die Prüfung/Kontrolle der bezogenen Waren und Dienstleistungen sowie der Lieferanten.
- Compliance, also Einhaltung von gesetzlichen wie internen Regeln und Richtlinien.
- Die kontinuierliche Prüfung der Einhaltung offizieller Umweltvorgaben.
- Einhaltung der erforderlichen Arbeitssicherheit.
- Controlling, Effizienzprüfung der betrieblichen Abläufe und laufende Kontrolle der eingesetzten Geldmittel nur für nachhaltige Zwecke.
- Aufbau funktionsfähiger Berichtswege.

Grüne Projekte Nachhaltige Projekte verfügen über leistungsfähige Kontrollmechanismen, um die geplante Nachhaltigkeitswirkung dieser Projekte sicherzustellen. Zu diesen Mechanismen gehören zum Beispiel:

- Die Kontrolle des Bezugs möglichst nachhaltiger Güter zur Umsetzung des Projektes.
- Die Prüfung/Kontrolle der Lieferanten.
- Sicherstellung der Einhaltung offizieller Vorgaben, Umweltrichtlinien und der erforderlichen Arbeitssicherheit.
- Controlling, Effizienzprüfung des Projektes und laufende Kontrolle der eingesetzten Geldmittel auf Verwendung nur für nachhaltige Zwecke.
- Aufbau funktionsfähiger Berichtswege.

4.5 Konzepttransparenz und Überprüfbarkeit der grünen Wirkung

Grüne Geschäftsmodelle Verständliche nachvollziehbare, überzeugende und nachprüfbare Darstellung des nachhaltigen Modells (Transparenz ex ante). Die umfassende, ausreichend detaillierte Darstellung umfasst die Präsentation der Umweltwirkungen der wirtschaftlichen Aktivitäten und deren Kosten-Nutzen-Verhältnisses sowie eine Beschreibung der konkreten Risikoreduktion für die Umwelt und das Unternehmen gleichermaßen:

- Darstellung und Darstellung der Strategie (Green Framework).
- Nachweis der Umweltwirkung.
- Aufzeigen eines günstigen Kosten-Nutzen-Verhältnisses.
- Darstellung der Analyseergebnisse.
- Darstellung der Risiken.

Grüne Projekte Verständliche nachvollziehbare, überzeugende und nachprüfbare Darstellung der nachhaltigen Vorhaben/Projekte (Transparenz ex ante). Die umfassende, ausreichend detaillierte Darstellung umfasst die Präsentation der Umweltwirkungen des Projektes und des entsprechenden Kosten-Nutzen-Verhältnisses einschließlich einer Beschreibung der konkreten Risikoreduktion für die Umwelt und das Unternehmen gleichermaßen:

- Darstellung der Strategie (Green Framework).
- Darstellung der Kosten-Nutzen-Analyse.
- Vollständige Berichterstattung über das/die Finanzierungsvorhaben.
- Bericht zur Verwendung der erlösten Mittel.
- Berichterstattung über die Auswirkungen des Einsatzes der erlösten Mittel auf die Umwelt.

4.6 Validierung des Finanzierungsgegenstandes

Grüne Geschäftsmodelle Das Rating, also die Bewertung eines nachhaltigen Geschäftsmodells, bezieht sich in der Regel auf die gesamte Nachhaltigkeitsleistung eines Unternehmens, wobei zwar die Ökologie (englisch *Ecology*) den Schwerpunkt bildet, aber auch gesellschaftlich/soziale Aspekte (englisch *Social*) und die Grundsätze guter Unternehmensführung (englisch *Corporate Governance*) in die Bewertung einfließen. Aus diesen drei Disziplinen mit jeweils einer

Reihe von Einzelkriterien ergibt sich die sogenannte ESG-Gesamtleistung eines Unternehmens (siehe auch Tab. 5.2). Der Ablauf bei einem Rating gliedert sich in fünf Phasen:

- Basisbewertung der Rating-Agentur mit Sektor-/Branchenspezifika sowie regionalen Besonderheiten.
- Individuelle Analyse anhand der vom Unternehmen zur Verfügung gestellten Informationen.
- Persönliches Treffen von Unternehmen und Agentur mit Besprechung der Analyseergebnisse.
- Abschließende Einschätzung und Bewertung.
- Gegebenenfalls regelmäßige Aktualisierungen.

Die Bestätigung der tatsächlichen Nachhaltigkeitsleistung eines Unternehmens seitens einer renommierten Agentur spielt eine wesentliche Rolle bei der Einschätzung der Nachhaltigkeit des Geschäftsmodells durch die Marktteilnehmer.

Grüne Projekte Die Evaluation, also die Bewertung einzelner nachhaltiger Vorhaben/Projekte, orientiert sich an aussagekräftigen Maßstäben zur Klima- und Umweltwirkung. Dazu gehören die Projektqualität, die Projektstruktur, das Projektmanagement, die Projekttransparenz und die Projektvalidierung (siehe auch Tab. 5.1). Die Analyse erfasst bei der Projektbewertung meist nur die Ökologie (und hier besonders Treibhausgasemissionen oder Wassernutzung). Nur in seltenen Fällen, zum Beispiel bei Spezialprojekten, wird auch der Bereich Gesellschaft/Soziales berücksichtigt. Relevante Aspekte sind:

- Qualität (Umweltwirkung des Projekts, Umfang und Dauer)
- Struktur (Wirtschaftlichkeit und Organisation des Projekts)
- Verwaltung (Management der aufgenommenen Fremdmittel sowie der laufenden Erträge)
- Transparenz (fortlaufende, umfassende Berichterstattung)
- Validierung (Faktenbestätigung durch unabhängige Dritte)

Der Ablauf der Evaluation ist sehr ähnlich derjenigen des Ratings, ist aber weniger umfangreich. Dazu gehört eine grundsätzliche Spartenbewertung (Projektkategorie), eine individuelle Analyse und eine Projektbesprechung mit dem Unternehmen. Eine Evaluation kann durch ein Nachhaltigkeit-Rating des Unternehmens ergänzt werden, um auch eine Aussage zur Gesamtnachhaltigkeitsleistung zu erhalten.

4.7 Auswahl des Finanzierungspartners

Grüne Geschäftsmodelle Sofern die Mittel nicht direkt bei Investoren aufgenommen werden (die Ausnahme), empfiehlt sich die Einschaltung einer Bank als Finanzierungspartner oder als Kreditgeber (die Regel). Dabei sind wichtige Kriterien sowohl die jeweiligen Finanzierungskonditionen als auch die Expertise in der Strukturierung grüner Finanzierungen, der Zugang zu relevanten Investoren und die Kreativität in der Vermarktung grüner Finanzierungen oder in der Vermarktung einer grünen Unternehmensgeschichte. Wesentliche Kriterien bei der Auswahl des Finanzierungspartners sind:

- Zugang zu den für das jeweilige Geschäftsmodell geeigneten „Investorentöpfen" und auch zu grün fokussierten Investoren, hinsichtlich letzterer, um den Anlegerkreis zu erweitern.
- Fähigkeit, in grünem Sinne attraktive Finanzinstrumente zu strukturieren.
- Kompetenz in der Platzierung und (medialen) Vermarktung attraktiver „grüner Unternehmensinformationen".
- Erste Ansätze, mit grünen Instrumenten eine Verringerung der Finanzierungskosten zu realisieren.

Grüne Projekte Sofern die Mittel nicht direkt bei Investoren aufgenommen werden (die Ausnahme), empfiehlt sich die Einschaltung einer Bank als Finanzierungspartner oder als Kreditgeber (die Regel). Dabei sind wichtige Kriterien sowohl die jeweiligen Finanzierungskonditionen als auch die Expertise in der Strukturierung grüner Finanzierungen, der Zugang zu relevanten Investoren und die Kreativität in der Vermarktung grüner Finanzierungen oder in der Vermarktung einer grünen Projektgeschichte. Wesentliche Kriterien bei der Auswahl des Finanzierungspartners sind:

- Zugang zu den für die jeweilige Projektkategorie geeigneten „Investorentöpfen" und auch zu grün fokussierten Investoren, hinsichtlich letzterer, um den Anlegerkreis zu erweitern.
- Fähigkeit, in grünem Sinne attraktive Finanzinstrumente zu strukturieren.
- Kompetenz in der Platzierung und (medialen) Vermarktung attraktiver „grüner Unternehmensinformationen".
- Erste Ansätze, mit grünen Instrumenten eine Verringerung der Finanzierungskosten zu realisieren.

4.8   Ansprache der Marktteilnehmer

Grüne Geschäftsmodelle Entwicklung einer attraktiven und überzeugenden Darstellung des nachhaltigen Geschäftsmodells. Dies umfasst sowohl die Präsentation der nachhaltigen Unternehmensgeschichte und des nachhaltigen Geschäftsmodells gegenüber Analysten und Investoren als auch die Lancierung des Geschäftsmodells in den Medien, um die Öffentlichkeitswirkung zu erhöhen.

Grüne Projekte Entwicklung einer attraktiven und überzeugenden Darstellung des Nachhaltigkeitsvorhabens beziehungsweise des Nachhaltigkeitsprojektes. Dies umfasst sowohl die Präsentation des nachhaltigen Vorhabens/Projektes gegenüber Analysten und Investoren als auch die Lancierung des Vorhabens/Projektes in den Medien, um die Öffentlichkeitswirkung zu erhöhen.

4.9   Laufende Berichterstattung zu Modellen und Projekten

Grüne Geschäftsmodelle Das Bemühen um „grüneres Wirtschaften" findet seine Komplettierung in der kontinuierlichen Berichterstattung darüber (Transparenz ex post). Zentrale Berichtsaspekte sind:

- Erfahrungswerte zur Umweltwirkung des Geschäftsmodells und wesentlicher Vorteil gegenüber vergleichbaren konventionellen Modellen.
- Kosten-Nutzen-Verhältnis in den vergangenen Jahren, das heißt Aussagen zur bisherigen Effizienz und Effektivität des Geschäftsmodells.
- Feststellbare Verringerung von Risiken, das heißt Erläuterung der Reduzierung von Umwelt- und Sicherheitsrisiken und eventuell auch Finanzrisiken.

Umfassende Transparenz wird erreicht, wenn sich der anfänglichen Präsentation und Erklärung des Geschäftsmodells eine laufende Berichterstattung über die Entwicklung dieses Modells anschließt.

Grüne Projekte Zur Transparenz „ex post" gehört der Bericht über die tatsächliche Wirkung des initiierten nachhaltigen Vorhabens/Projektes und über die korrespondierende Verwendung der Mittel/Erträge. Zentrale Berichtsaspekte sind:

- Erfahrungswerte zur Umweltwirkung des Projektes.
- Kosten-Nutzen-Verhältnis, das heißt Aussagen zur Effizienz und Effektivität des Projektes in der Zeit seit Initiierung.
- Bericht zur Verwendung der erlösten Mittel.

Umfassende Transparenz wird erreicht, wenn sich der anfänglichen Präsentation und Erklärung des Projektes eine laufende Berichterstattung über die Entwicklung dieses Projektes anschließt.

Qualitätsbewertung beim Green Financing

5

Grün ist nicht gleich grün. Um den Nachhaltigkeitsgrad eines Vorhabens und damit dessen Umweltwirkung beurteilbar und bewertbar zu machen, sind angemessene Kriterien erforderlich. Eine aussagekräftige Bewertung von Green Finance-Vorhaben ist zuvorderst möglich mit der Einschätzung der inhaltlichen Projektqualität – ihr kommt die größte Bedeutung in der Gesamtbewertung zu. Weitere Kriterien sind die Projektstruktur, das Projektmanagement und die Projekttransparenz. Schließlich spielt die Bestätigung der Aussagen zu vorgenannten Indikatoren seitens eines renommierten unabhängigen Dritten eine Rolle. Für die vier erstgenannten Kriterien sind sodann geeignete Indikatoren zu bestimmen, um eine einheitliche und transparente Beurteilung zu ermöglichen. Doch auch im zwölften Jahr nach Erstbegebung einer grünen Anleihe existieren keine umfassenden, einheitlichen und marktüblichen Indikatoren für die Bewertung einer Finanztransaktion als grün.

5.1 Ansätze zur Bewertung von grünen Finanzierungen

Die International Capital Market Association (ICMA), eine weltweite Vereinigung von Kapitalmarktteilnehmern mit Sitz in Zürich, hat ihre „Green Bond Principles" publiziert (ICMA 2018) – ein erster Versuch zur Standardisierung dieser Finanzierungsart (Anleihen, Schuldscheine, Bankkredite). Die Prinzipien sind eine freiwillige Richtlinie, ein Rahmenwerk für Finanzierungstransaktionen (Tab. 5.1). Unternehmen können sich beim Arrangement einer Transaktion an den ICMA-Prinzipien orientieren und dieses auch durch einen externen Dienstleister prüfen lassen.

© Springer Fachmedien Wiesbaden GmbH, ein Teil von Springer Nature 2020 25
H.-W. Grunow und C. Zender, *Green Finance*, essentials,
https://doi.org/10.1007/978-3-658-28991-1_5

Tab. 5.1 Ansätze zur Bewertung von grünen Finanzierungen

Bewertungsfelder	Green-Bond-Prinzipien[a]	Climate Bond Standard[b]
Projektqualität	• Verwendung der Erlöse: Fließen die Mittel in klimafreundliche Projekte?	• Verwendung des Erlöses: Wofür und wie werden die erlösten Mittel verwendet?
Projektkonzeption und Projektstruktur	• Projektauswahl: Wie werden die Projekte ausgewählt? Wie werden sie konzipiert?	• Projektauswahl: Welche Projekte werden ausgewählt und wie konzipiert? • Interne Prozesse & Kontrollen: Wie ist das Projekt organisiert, wie wird es kontrolliert?
Projektmanagement	• Management der Erlöse: Wie geht das Management mit Erlösen aus dem Projekt um?	• Nicht-Kontamination des Erlöses: Werden grüne Kapitalflüsse exakt von den konventionellen abgegrenzt?
Projekttransparenz (Berichterstattung zum Projekt)	• Reporting: Wie wird über Fortgang und Wirkung des Projektes berichtet?	• Berichterstattung vor der Finanzierung: Wie wird vor Mittelaufnahme darüber informiert? • Berichterstattung nach der Finanzierung: Wie transparent wird über den Fortgang des Projektes berichtet?

[a]Prinzipien der International Capital Market Association (ICMA)
[b]Standard der Climate Bond Initiative (CBI)
Quelle: Eigene Darstellung

Die ICMA will mit dem Standardisierungsversuch mehr Transparenz im grünen Marktsegment erreichen. Die Konzeption zum Beispiel eines Green Bond nach den Prinzipien der ICMA und dessen Überprüfung sollen gewissen Mindeststandards genügen und so die Analyse und Bewertung des Finanzinstrumentes erleichtern. Allerdings machen die ICMA-Prinzipien keine Aussagen darüber, auf welche Art und Weise das Nachhaltigkeitsmaß eines Vorhabens und damit auch der korrespondierenden Anleihe zu bestimmen ist.

Das ist der Schwachpunkt der ICMA-Prinzipien. Dies geschah wohl angesichts der Komplexität der Materie („Wie viele Punkte erreicht das Projekt auf einer Skala von null bis hundert?") sehr bewusst, denn die ICMA verweist zur Klärung der Frage, welche Vorhaben im Einzelfall wirklich ökologischen Mehrwert liefern, auf die Einschätzung von dritten Beratungsunternehmen und Öko-Dienstleistern.

Ein weiteres Bewertungsraster ist der Climate Bond Standard der Climate Bond Initiative (CBI), eine nicht gewinnorientierte internationale Organisation mit Sitz in London (Climate Bonds Initiative 2017). Die CBI arbeitet daran, Mittel zur Schaffung eines möglichst großen Kapitalmarktes für Klimaschutzlösungen zu mobilisieren. Projekte erweisen sich dann als grün, wenn sie bestimmten Kriterien in positiver Weise Genüge tun (Tab. 5.1). Aber auch die Climate Bond Initiative verzichtet auf ein bewertendes Nachhaltigkeitsmaß („Wie grün ist eigentlich diese Finanzierung?")

5.2   Das ESG-Rating

Mittlerweile haben mehrere Agenturen Verfahren zur Einschätzung grüner Finanzierungen entwickelt. Und auch, wenn noch Unterschiede in den Bewertungssystematiken der einzelnen Agenturen bestehen, so gleichen sich diese Verfahren doch mehr und mehr an, im Kern stimmen sie bereits weitgehend überein. Dabei ist zu unterscheiden zwischen einerseits der Unternehmensbewertung eines Kreditnehmers (Nachhaltigkeit des Geschäftsmodells), dem sogenannten Rating (Tab. 5.2), und andererseits der Bewertung einzelner Vorhaben beziehungsweise Projekte, der sogenannten Evaluation (Tab. 5.3).

5.3   Die ESG-Evaluation

Gegenwärtig bewerten rund 40 Anbieter die Umwelt- und Klimafreundlichkeit von Green Financing-Vorhaben. Dabei werden über 90 % des Green-Finance-Volumens von nur zehn Anbietern bewertet. Diese Gruppe benutzt zwar ähnliche Systematiken zur Einschätzung, unterscheidet sich aber bei der Gewichtung der jeweiligen Indikatoren. Die Bewerter sind allerdings keine Finanzmarktteilnehmer mit Zulassung (zumindest für das Segment Nachhaltigkeitsbewertung) durch die jeweiligen Regulierungsbehörden – wie dies bei den Ratings für Ausfallwahrscheinlichkeiten von Finanzinstrumenten (klassisches „Credit Rating") der Fall ist. Und so ist die Green-Finance-Zertifizierung eine freiwillige Aktion ohne allgemeingültigen und formellen Maßstab. In der Konsequenz sind die Aussagekraft und Akzeptanz einer Einschätzung abhängig von der Reputation des Bewerters.

Tab. 5.2 Bewertungsfelder im ESG-Rating

Das Rating der Nachhaltigkeitsleistung eines Unternehmens setzt sich zusammen aus den drei Einzelbewertungen in den Bereichen Umwelt, Soziales und Unternehmenskultur (Corporate Governance)

Bewertungsfelder	Bewertungskriterien
Umwelt/Ökologie Anteil: ca. 30 %	• Umweltmanagement: System, Position und Ziele hinsichtlich des Klimawandels, Logistik, Umweltmanagement in der Lieferkette • Produkte und Dienstleistungen: Erneuerbare Rohstoffe, nachhaltiges Chemikalien-Management, ökoeffiziente Produktionsprozesse, Anlagen- und Transportsicherheit • Ökoeffizienz: Energieverbrauch, Wassernutzung, Treibhausgasemissionen, Feinstaubemissionen, gefährliche Abfälle
Gesellschaft/Soziales Anteil: ca. 30 %	• Arbeitssicherheit • Mitarbeiterpolitik und Diversität • Produktverantwortung, Wertschöpfungskette und Kundenpolitik • Zusammenarbeit mit politischen lokalen Entscheidungsträgern (bei Betriebsstätten in Entwicklungsländern)
Corporate Governance Anteil: ca. 40 %	• Unternehmenskultur, Managementphilosophie, Verhaltensregeln • Geschäftsethik, Compliance und Risikomanagement • Transparenz

Quelle: Eigene Darstellung

Tab. 5.3 Bewertungsfelder bei der ESG-Evaluation

Die Evaluation der Nachhaltigkeitswirkung von Vorhaben beziehungsweise Projekten ergibt sich überwiegend aus der Bewertung des Umwelteffektes von Mitteln im Rahmen des Green Financing, gegebenenfalls erweitert um die Effekte im Bereich Gesellschaft/Soziales oder Corporate Governance

Bewertungsfelder	Bewertungskriterien
Projektqualität Gewichtung: ca. 40 %	Verwendung der Finanzierungserlöse • Projektfeld, zum Beispiel erneuerbare Energien, Energieeffizienz, Anpassung an den Klimawandel, effiziente Wassernutzung, Trinkwassererzeugung, nachhaltige Land- und Forstwirtschaft, Biodiversität, nachhaltiges Abfall- oder Wassermanagement • Wirkungsgrad/Nachhaltigkeitsgrad des Projektes • Geografische Ansiedlung des Projektes (zum Beispiel zur Verbesserung bei lokal hoher Schadstoffbelastung oder angespannter Wasserversorgung)

(Fortsetzung)

Tab. 5.3 (Fortsetzung)

Die Evaluation der Nachhaltigkeitswirkung von Vorhaben beziehungsweise Projekten ergibt sich überwiegend aus der Bewertung des Umwelteffektes von Mitteln im Rahmen des Green Financing, gegebenenfalls erweitert um die Effekte im Bereich Gesellschaft/ Soziales oder Corporate Governance

Bewertungsfelder	Bewertungskriterien
Projektstruktur Gewichtung: ca. 20 %	Wirtschaftlichkeit und Organisation des Projekts • Konzeption und Organisation des operativen Geschäftes • Risikomanagement • Controlling • Kosten-Nutzen-Analyse
Projektverwaltung Gewichtung: ca. 15 %	Management der Erlöse • Abtrennung von nicht nachhaltigen Kapitalflüssen des Finanzierungsnehmers • Zuteilungs- und Kontrollmechanismen • Verwendung der Einnahmen und der liquiden Mittel • Fortlaufende Kontrolle der „Projektbezogenheit" der Investitionen
Projekttransparenz Gewichtung: ca. 15 %	Fortlaufende umfassende Berichterstattung • Berichtsqualität, zum Beispiel Aussagekraft, Umfang, Plausibilität, Verlässlichkeit der Informationen • Berichtshäufigkeit (Berichtsfrequenz)
Projektvalidierung Gewichtung: ca. 10 %	Faktenbestätigung durch unabhängige Dritte • Zertifizierung des „grünen Charakters" des Projektes, also die externe Bewertung der Qualität und Transparenz der Dokumentation zum finanzierten Projekt • Bewertung der Projektannahmen und -einschätzungen • Bewertung der Projekteinstufung und der Kosten-Nutzen-Analyse • Renommee des Zertifizierers

Quelle: Eigene Darstellung

Die Nachhaltigkeitstaxonomie der Europäischen Union

6

Um nachhaltiges Wirtschaften und vor allem dessen Bewertbarkeit und Vergleichbarkeit zu fördern, wird die Europäische Union (EU) mehr Systematik in diesen Bereich bringen und im Hinblick auf Green Financing mehr Standards setzen. Dazu entwirft die EU mit ihrer sogenannten Taxonomie ein umfassendes Regelwerk für klimabezogene, umwelt- und sozialpolitisch nachhaltige Tätigkeiten (Europäische Kommission 2018). Ziel ist die Verankerung der künftigen Nachhaltigkeitstaxonomie im EU-Recht und die Schaffung einer Grundlage, um dieses Klassifikationssystem in verschiedenen Bereichen einzusetzen – zum Beispiel mit Normen, Kennzeichen, Orientierungspunkten zur Unterstützung umweltfreundlicher Lösungen oder für Aufsichtsvorschriften auf nationaler Ebene und mit Referenzgrößen zur Nachhaltigkeit.

6.1 Großer Standardisierungsbedarf

Die EU sieht auf dem Feld grüner Finanzierungen großen Handlungs- und Regelungsbedarf (EU High-Level Expert Group on Sustainable Finance 2017). Dies wird auch – über die bisherigen Regelungen hinaus – weitere Auswirkungen auf die Anforderungen an die Leistung der Nachhaltigkeitskommunikation haben. Die EU wird auf der Grundlage des neuen Klassifikationssystems ein spezielles EU-Kennzeichen für grüne Finanzprodukte schaffen. Für die Kommunikation (und überdies für das Finanzmanagement) bedeutet dies, Kenngrößen und Zielgruppen an dem neuen „Gütesiegel" auszurichten.

Die EU stellt mit der neuen Taxonomie institutionelle Investoren vor die Aufgabe, gegebenenfalls ihre Kriterien zur Nachhaltigkeit bei der Mittelanlage anzupassen. Für die Kommunikation kreditnehmender Unternehmen bedeutet

© Springer Fachmedien Wiesbaden GmbH, ein Teil von Springer Nature 2020
H.-W. Grunow und C. Zender, *Green Finance*, essentials,
https://doi.org/10.1007/978-3-658-28991-1_6

dies, unter Umständen andere oder weitere Informationen und diese eventuell in geänderter Häufigkeit zur Verfügung stellen zu müssen, damit Investoren ihre entsprechenden Auflagen erfüllen können.

Die EU wird voraussichtlich Versicherungen, Banken und Finanzdienstleistern neue Verpflichtungen auferlegen, ihre Kunden entsprechend ihren Nachhaltigkeitspräferenzen zu beraten. Für die Kommunikation kreditnehmender Unternehmen bedeutet dies, unter den veränderten Rahmenbedingungen Banken und Finanzdienstleistern bestimmte Informationen bereitzustellen (vor allem hinsichtlich Struktur, Inhalten, Häufigkeit), um den Dienstleistern ihre neue Aufgabe zu erleichtern.

Die EU plant die Einbeziehung des Kriteriums Nachhaltigkeit in die Aufsichtsvorschriften, was bei nachhaltig investierenden Anlegern unter Umständen eine erneute Feinabstimmung der Kapitalanforderungen bedeuten könnte. Für die Kommunikation kreditnehmender Unternehmen bedeutet dies, entsprechende Informationen (vor allem mit geänderter Häufigkeit) bereitzustellen, um Investoren bei der Erfüllung dieser Auflagen zu unterstützen.

Schließlich überlegt die EU, größere Transparenz in den Unternehmensbilanzen herzustellen. Dazu sollen die Leitlinien für nichtfinanzielle Investitionen an die Empfehlungen der „Task Force on Climate-Related Financial Disclosures" (TCFD) angeglichen werden. Auch dies bedeutet für die Kommunikation kreditnehmender Unternehmen, ihre Nachhaltigkeitsinhalte gegebenenfalls in Inhalt, Form und Frequenz neu und zusätzlich zu strukturieren.

6.2   Die zehn Grundsatzpunkte zur Taxonomie

Im Sommer des Jahres 2019 gliedert die Europäischen Union (EU) ihre vorläufige Taxonomie zur Nachhaltigkeit im Wesentlichen in zehn Punkte (s. a. EU Technical Expert Group 2019a). Die letztliche Gestaltung, die dann auch Gesetzeskraft erreichen sollte, dürfte im Laufe des Jahres 2020 vorliegen.

Punkt 1

Schaffung von Standards für ein EU-Klassifikationssystem: Die EU will ein Klassifikationssystem für nachhaltige Tätigkeiten – mit Normen und Orientierungsgrößen zur Unterstützung umweltfreundlicher Lösungen und mit Nachhaltigkeitsreferenzgrößen zur Schaffung einer entsprechenden EU-weiten Einheitlichkeit.

Punkt 2

Förderung von nachhaltigen Finanzprodukten: Die EU will mit Normen und Kennzeichnungen für nachhaltige Finanzprodukte die Integrität eines grünen Finanzmarktes stärken und das Vertrauen der Anleger in diesen grünen Finanzmarkt schützen und Anlegern den Zugang zu grünen Produkten erleichtern.

Punkt 3

Förderung von Investitionen in nachhaltige Projekte: Die EU will zur Entwicklung und Umsetzung nachhaltiger Infrastrukturprojekte Maßnahmen ergreifen, um die zur Förderung nachhaltiger Investitionen erforderlichen Finanzinstrumente in der EU und in Partnerländern effizienter und wirksamer zu gestalten.

Punkt 4

Berücksichtigung der Nachhaltigkeit in der Finanzberatung: Die EU will MiFID II[1] und IDD[2] ändern, um Nachhaltigkeitspräferenzen der Anleger zu berücksichtigen; die Europäische Wertpapier- und Marktaufsichtsbehörde ESMA (European Securities and Markets Authority) soll in ihre Leitlinien zur Eignungsbeurteilung Bestimmungen über Nachhaltigkeitspräferenzen aufnehmen.

Punkt 5

Entwicklung von Nachhaltigkeitsreferenzgrößen: Die EU will Regeln zur Transparenz der Methoden und Merkmale von Referenzwerten erlassen (Benchmarks); ferner wird die EU eine Initiative für harmonisierte Referenzwerte auf einer Basis resultierend aus Emittenten mit niedriger CO_2-Bilanz vorschlagen, die sich auf eine solide Methode zur Berechnung und Vergleichbarkeit der CO_2-Intensität stützen.

Punkt 6

Bessere Berücksichtigung der Nachhaltigkeit in Ratings und Marktanalysen: Die EU fordert die ESMA (European Securities and Markets Authority) auf, die

---

[1]„Markets in Financial Instruments Directive (MiFID II): Die „Richtlinie über Märkte für Finanzinstrumente" ist das offizielle Rahmenwerk für Wertpapiergeschäfte innerhalb der Europäischen Union. Das Rahmenwerk regelt den Wertpapierhandel und die Beratung für sowie den Verkauf von Finanzprodukten.

[2]Insurance Distribution Directive (IDD): Die Versicherungsvertriebsrichtlinie ist das offizielle Rahmenwerk zur Harmonisierung nationaler Vorschriften für den Versicherungs- und Rückversicherungsvertrieb.

derzeitige Praxis auf dem Ratingmarkt zu bewerten, in welchem Maße umwelt-
bezogene, soziale und ordnungspolitische Erwägungen berücksichtigt werden.
Die EU will die Arbeitsqualität und die Unabhängigkeit der Rating- und Sco-
ring-Anbieter untersuchen.

Punkt 7
Klärung der Pflichten institutioneller Anleger und Vermögensverwalter: Die EU
will die Pflichten institutioneller Anleger und Vermögensverwalter in Bezug auf
Nachhaltigkeitsaspekte klären. Die Pläne zielen darauf ab, institutionelle Anleger
und Vermögensverwalter ausdrücklich anzuhalten, Nachhaltigkeitsaspekte in den
Entscheidungsprozess für Investments einzubeziehen.

Punkt 8
Berücksichtigung von Nachhaltigkeit in den Aufsichtsvorschriften: Die EU prüft
die Einbeziehung der mit Klima- und anderen Umweltfaktoren verbundenen Risiken in die Risikomanagementstrategien der Banken und die potenzielle Feinabstimmung der Kapitalanforderungen als Teil der Eigenkapitalverordnung und der
Eigenkapitalrichtlinie.

Punkt 9
Stärkung der Vorschriften zur Offenlegung von Nachhaltigkeitsinformationen:
Die EU prüft die Eignung der EU-Vorschriften über die öffentlich zugängliche
Berichterstattung von Unternehmen, einschließlich der Richtlinie über die Offen-
legung nichtfinanzieller Informationen, ob die Anforderungen dieser Bericht-
erstattung im Sinne des Green Financing ausreichend zweckdienlich sind.

Punkt 10
Förderung einer nachhaltigen Unternehmensführung und Abbau von kurz-
fristigem Denken auf den Kapitalmärkten: Die EU will eine Unternehmensführung fördern, die bessere Rahmenbedingungen für nachhaltige Investitionen
schafft; dafür müssen möglicherweise die Unternehmen verpflichtet werden,
eine Nachhaltigkeitsstrategie über die gesamte Lieferkette auszuarbeiten. Außer-
dem soll nachhaltiges Wirtschaften nicht kurzfristiger Gewinnorientierung unter-
geordnet werden.

Ergänzende Überlegungen
Die EU fordert die Europäischen Aufsichtsbehörden (insbesondere die ESMA)
auf, Nachweise für einen unangemessenen kurzfristigen Ergebnisdruck der
Kapitalmärkte auf die Unternehmen zusammenzutragen. Ein solcher kurzfristiger

Ergebnisdruck der Investoren auf die Realwirtschaft – beides, so wird unterstellt, beeinträchtigt nachhaltiges Wirtschaften – soll dann sanktioniert werden.

Der EU-Aktionsplan betont die Bedeutung und Dringlichkeit der Entwicklung einer Taxonomie, die einheitliche Definitionen bietet und verlässliche und vergleichbare Informationen über nachhaltige Investitionen ermöglicht. Beides ist Vorbedingung für Maßnahmen wie Normsetzung, Kennzeichnung, Feinabstimmung aufsichtsrechtlicher Anforderungen und Verwendung von „Low-Carbon-Benchmarks". Darüber hinaus ergänzt die EU-Taxonomie die Umsetzung von Maßnahmen wie Offenlegung von Unternehmensangaben zur Nachhaltigkeit („nicht-finanzielle Berichterstattung") oder die Bereitstellung von Nachhaltigkeitsinformationen in der Finanzberatung.

6.3   Künftiges Regelwerk

Die EU-Taxonomie ist sowohl ein Klassifizierungssystem für umweltverträgliche wirtschaftliche Aktivitäten als auch ein Umsetzungsinstrument, mit dem die Kapitalmärkte Investitionsmöglichkeiten identifizieren und umsetzen können, um zur Erreichung der umweltpolitischen Ziele beizutragen. Die Entscheidungen von Anlegern zur korrespondierenden Kapitalallokation oder zur Beeinflussung von Unternehmensaktivitäten werden einen wesentlichen Beitrag zu den Klimazielen und den damit verbundenen Sustainable Development Goals der Vereinten Nationen leisten (Tab. 6.1).

Für die folgenden Aktivitäten legt die Europäische Union mit ihrer Taxonomie Kriterien fest, in welchem Umfang diese Kriterien zur Eindämmung des Klimawandels beitragen. Die Übersicht beschreibt die ausgewählten Sektoren und jeweiligen wirtschaftliche Aktivitäten.

Land-, Forst- und Wasserwirtschaft Anbau von mehrjährigen Pflanzen und nicht mehrjährigen Pflanzen; Tierhaltung; Aufforstung, nachhaltige Waldbewirtschaftung, Wiederherstellung von Naturräumen.

Verarbeitendes und produzierendes Gewerbe Herstellung von kohlenstoffarmen Produkten; Herstellung von Zement, Aluminium, Eisen und Stahl; Herstellung von Wasserstoff, von organischen und anorganischen (Grund-)Chemikalien, von Düngemitteln und Stickstoffverbindungen; Herstellung von Kunststoffen in Primärform.

Tab. 6.1 Ansätze der Ermittlung eines wesentlichen Beitrags zur Minderung des Klimawandels

Art der Aktivität	Technische Auswahlkriterien	Beispiele
Aktivitäten, die bereits kohlenstoffarm sind (kompatibel mit der netto kohlenstofffreien Wirtschaft des Jahres 2050)	Wahrscheinlich stabil und langfristig	• Transport ohne Emissionen • Nahezu kohlenstofffreie Stromerzeugung • Aufforstung
Aktivitäten, die zum Übergang zu einer netto kohlenstofffreien Wirtschaft des Jahres 2050 beitragen, sich aber derzeit noch nicht auf diesem Niveau befinden	Voraussichtlich regelmäßige Optimierung und Tendenz zur netto CO_2-Freiheit	• Gebäudesanierung • Stromerzeugung mit CO_2-Emission von unter 100 g CO_2/kWh • Automobile mit CO_2-Emission von unter 50 g CO_2/km
Aktivitäten, die die oben genannte Aktivitäten (erst) ermöglichen	Wahrscheinlich stabil und langfristig (wenn Aktivitäten mit niedrigem CO_2-Ausstoß dadurch ermöglicht werden) oder regelmäßige Optimierung und Tendenz zur netto CO_2-Freiheit (wenn Aktivitäten ermöglicht werden, die zum Übergang zu einer netto kohlenstofffreien Wirtschaft des Jahres 2050 beitragen, sich aber derzeit noch nicht auf diesem Niveau befinden)	• Herstellung von Windkraftanlagen • Installation effizienter Kessel in Gebäuden

Quelle: Europäische Union (EU Technical Expert Group 2019a, S. 33)

Versorgung mit Strom, Gas, Dampf, Wärme und Kälte Stromerzeugung aus Solar-PV, konzentrierter Sonnenenergie, Windkraft, Meeresenergie, Wasserkraft, Geothermie, Gasverbrennung, Bioenergie; Übertragung und Verteilung von Elektrizität, Energiespeicherung; Herstellung von Biomasse, Biogas oder Biokraftstoffen; Nachrüstung von Fernleitungs- und Verteilungsnetzen; Fernwärme-/Fernkälteverteilung; Installation und Betrieb von elektrischen Wärmepumpen; Kraft-Wärme-Kopplung aus konzentrierter Sonnenenergie, aus Geothermie, aus der Gasverbrennung und aus Bioenergie; Erzeugung von Wärme/Kälte aus konzentrierter Sonnenenergie, Geothermie; Bioenergie und aus Gasverbrennung, Erzeugung von Wärme/Kälte mit Abwärme.

Wasser, Abwasser, Abfall und Recycling/Wiederaufbereitung Wasserspeicherung, -aufbereitung und -versorgung; Abwasserbehandlungssysteme, anaerobe Vergärung von Klärschlamm; getrennte Sammlung und Beförderung ungefährlicher Abfälle; anaerobe Vergärung von Bioabfällen, Kompostierung von Bioabfällen; stoffliche Verwertung von Abfällen; Deponiegasabscheidung und energetische Nutzung; direkte Abluftreinigung von CO_2; Erfassung Menschen verursachter Emissionen; Transport von CO_2, dauerhafte Einlagerung von gebundenem CO_2.

Transport und Lagerhaltung Personenschienenverkehr, Schienengüterverkehr, öffentlicher Verkehr, Infrastruktur für kohlenstoffarmen Verkehr, Pkw und Nutzfahrzeuge; Güterbeförderung auf der Straße, Fernverkehr auf der Straße; Binnenschifffahrt Personen, Binnenschifffahrt Fracht; Umsetzung von Wasserprojekten.

Informations- und Kommunikationstechnik Datenverarbeitung, Hosting und damit verbundene Tätigkeiten; Daten getriebene Lösungen zur Reduzierung von Treibhausgasemissionen.

Bauwirtschaft und Immobilien Errichtung neuer Gebäude, Renovierung bestehender Gebäude, individuelle Sanierungsmaßnahmen; Einbau von Anlagen zur Erzeugung erneuerbarer Energien vor Ort; vergleichbare technische Maßnahmen; Erwerb von Gebäuden.

Der Green Bond Standard der Europäischen Union

7

Die Kommission der Europäischen Union (EU) veröffentlichte im Jahr 2018 ihren „Aktionsplan" (Europäische Kommission 2018) zur Finanzierung von nachhaltigem Wachstum, der eine umfassende Strategie zur weiteren Verknüpfung von Finanzen und Nachhaltigkeit enthält. Dieser Aktionsplan sieht auch vor, Standards und Kennzeichnungen für umweltfreundliche Finanzprodukte zu entwickeln. Dazu gehört, einen EU-Standard für sogenannte Green Bonds zu entwerfen, der Leitlinien vorgibt, wie (marktorientierte) Finanzinstrumente konzipiert sein sollten, die zur Umsetzung nachhaltiger Investitionen aufgelegt werden. In diesem Zusammenhang hat die EU bislang eine Reihe von Vorschlägen vorgelegt.

7.1 Rahmenbedingungen

Die EU schafft einen freiwilligen Standard, um die Wirksamkeit, Transparenz, Rechenschaftspflicht, Vergleichbarkeit und Glaubwürdigkeit des Marktes für grüne Anleihen zu verbessern, ohne dabei Marktmechanismen zu stören. Das heißt, Emittenten von Anleihen sollen zwar ermutigt werden, ihre Anleihen als „grüne EU-Anleihen" zu begeben. Aber Emittenten, die weiterhin „konventionelle" Anleihen begeben, sollen nicht diskriminiert oder auf irgendeine Art behindert werden.

Der „EU Green Bond Standard" soll vier Kernkomponenten umfassen: a) Angleichung der mit grünen Anleihen finanzierten umweltfreundlichen Projekte an die EU-Taxonomie, b) Schaffung einheitlicher Rahmenbedingungen für umweltfreundliche Anleihen, c) regelmäßige und umfassende Berichterstattung und d) Überprüfung durch akkreditierte Prüfer.

© Springer Fachmedien Wiesbaden GmbH, ein Teil von Springer Nature 2020
H.-W. Grunow und C. Zender, *Green Finance*, essentials,
https://doi.org/10.1007/978-3-658-28991-1_7

Hinsichtlich a) wird der EU Green Bond Standard klare und verbindliche Anforderungen in Bezug auf die Qualität und Wirkung von Umweltprojekten entsprechend der EU-Taxonomie aufzeigen und einen wesentlichen Beitrag zu den Umweltzielen der EU-Taxonomie fordern.

Hinsichtlich b) wird der EU Green Bond Standard den Umfang und den Inhalt eines Green Bond Framework (strategisches Rahmenwerk) für den Emittenten festlegen, um Details zu allen wichtigen Aspekten des vorgeschlagenen Verwendungszwecks sowie zu Unternehmensstrategie und -prozessen zu nennen.

Hinsichtlich c) wird der EU Green Bond Standard sicher stellen, dass inhaltliche und zeitliche Anforderungen für die periodische Berichterstattung über die Verwendung von Erträgen und Umweltauswirkungen einzuhalten sind; dies wird durch geeignete Messgrößen quantifiziert.

Hinsichtlich d) wird der EU Green Bond Standard die Überprüfung der Konformität mit den Anforderungen an grüne Projekte und die korrespondierende Berichterstattung über die Verwendung von Erträgen gewährleisten, indem er Qualitätsstandards für die Überprüfung setzt und nur entsprechend akkreditierte Gutachter zulässt. Die Zulassung und Überwachung von Prüfungsgesellschaften soll die Europäische Wertpapier- und Marktaufsichtsbehörde (ESMA) übernehmen und zu diesem Zwecke ein Akkreditierungssystem entwickeln und verwalten.

Um eine friktionsfreie Übergangsphase in der Verifizierung von Green Bonds zu ermöglichen, erlaubt der EU Green Bond Standard die Einrichtung eines freiwilligen Zwischenregistrierungsverfahrens für Prüfungsgesellschaften von EU-Green-Bonds für einen Übergangszeitraum von bis zu drei Jahren.

7.2   Relevanz für Investoren und Emittenten

Der EU Green Bond Standard soll Anleger und insbesondere institutionelle Investoren auffordern, die Gestaltung ihrer nachhaltigen Investmentstrategien bei Anleihen an den Anforderungen des EU Green Bond Standards in Wort und Sinn auszurichten und ihre korrespondierenden Annahmen, Präferenzen und Erwartungen den Emittenten grüner Anleihen und ihren Kunden mitzuteilen. Investoren, insbesondere europäische institutionelle Investoren wie Vermögensverwalter, Pensionskassen, Versicherungsunternehmen und Banken spielen eine wesentliche Rolle bei der Förderung dieses Standards.

Der EU Green Bond Standard soll institutionelle Anleger (Vermögensverwalter, Pensionskassen, Versicherungsunternehmen) auffordern, ihre Bestände an grünen Anleihen und anderen nachhaltigen Finanzierungsinstrumenten

regelmäßig offenzulegen. Auch Banken sollen ihre „grünen Positionen" im
Eigen- und im Fremdbestand regelmäßig veröffentlichen.

Künftig sollen Emittenten stets prüfen, ob bei der Begebung von Anleihen
oder vergleichbaren Finanzierungsinstrumenten dies auch unter den
Anforderungen des EU Green Bond Standards geschehen könnte. Dies gilt für
private wie öffentliche Unternehmen und Staaten gleichermaßen. Darüber hinaus
sollen Kreditnehmer kommunizieren, welche Pläne zur künftigen Nutzung „grüner" Finanzinstrumente bestehen (Tab. 7.1).

Tab. 7.1 EU Green Bond Standard im Vergleich mit bisherigen Rahmenwerken

Aspekt	Green Bond Principles	EU Green Bond Standard
Dokumentation nennt Erlös-verwendung	Empfohlen	Erforderlich (zum Beispiel im Prospekt oder anderen Emissionsunterlagen)
Voraussetzung zur Anerkennung: Wesentlicher Beitrag zu Umweltzielen	Hochwertige grüne Projekte	Erfüllen der Anforderungen der EU-Taxonomie: • Wesentlicher Beitrag zu den Umweltzielen • Kein nennenswerter Schaden • Mindestsozialgarantien • Technische Überprüfungs-kriterien • Green Bond Framework
Voraussetzung zur Anerkennung: kein wesent-licher Schaden	–	Wirtschaftliche Aktivitäten des Emittenten und das konkrete Projekt dürfen keines der Umweltziele der EU-Taxonomie nennenswert beeinträchtigen
Voraussetzung zur Anerkennung: Sozialschutz	Dokumentation des Pro-zesses zur Identifizierung und zum Management potenziell wesentlicher ökologischer und sozia-ler Risiken, die mit den Projekten verbunden sind	Gewährleistung der Einhaltung sozialer Mindeststandards, die in der Erklärung der Inter-nationalen Arbeitsorganisation zu den Grundrechten und Grundsätzen bei der Arbeit fest-gelegt sind
Voraussetzung zur Anerkennung: technische Auswahlkriterien	–	Sektorspezifische Auswahl-kriterien; Kriterien und Schwellenwerte für Sektoren, die als umweltverträglich gelten

(Fortsetzung)

Tab. 7.1 (Fortsetzung)

Aspekt	Green Bond Principles	EU Green Bond Standard
Offenlegung des Anteils des Mittelzuflusses, der für die Refinanzierung getilgter Instrumente verwendet wird	Empfohlen	Erforderlich
Wirkungs-überwachung und Bericht-erstattung	Empfohlen (wenn und wo immer möglich)	Erforderlich (Kommunikation, ob der Emittent die Auswirkungen überwacht oder nicht; Angabe der geschätzten/tat-sächlichen Auswirkungen)
Externe Überprüfung	Empfohlen (externe Überprüfung kann umfassend sein und die Überein-stimmung mit allen vier Kernkomponenten der Green Bond Principles beurteilen oder externe Prüfung kann auch nur teilweise erfolgen und sich auf bestimmte Aspekte des Green Bond oder des Green Bond Fra-mework konzentrieren)	Erforderlich (Überprüfung des Green Bond Framework und des Final Allocation Report durch einen akkreditierten Gutachter zur Bestätigung der Konformität mit dem EU Green Bond Standard)
Veröffentlichung der externen Verifizierung	Empfohlen	Erforderlich
Akkreditierung von externen Gutachtern	–	Zentrales Register akkreditier-ter Prüfer, das von der ESMA geführt wird; freiwilliges vor-läufiges Registrierungssystem für einen Übergangszeitraum von bis zu drei Jahren

Quelle: Europäische Union (EU Technical Expert Group 2019b, S. 13)

7.3   Notwendigkeit der besonderen Förderung

Die EU möchte ein „grünes Finanzwesen" und „grüne Finanzierungen" mög-lichst zügig, möglichst flächendeckend und möglichst umfangreich einführen. Dieser Prozess soll in sinnvoller und wirkungsvoller Weise von offizieller Seite unterstützt werden. Vor diesem Hintergrund soll das Europäische System der

Zentralbanken (ESZB) und die Mitglieder des Netzwerks zur Ökologisierung des Finanzsystems (NGFS = Network for Greening the Financial System) die Ökologisierung des Finanzsystems unterstützen, indem sie beim Kauf von grünen Anleihen eine Präferenz für grüne Anleihen der EU ausdrücken und umsetzen. Dem NGFS gehören europäische Zentralbanken und Aufsichtsbehörden an.

Die Kommission und die Mitgliedstaaten der Europäischen Union sollen die Entwicklung einer Reihe von kurz- und langfristigen finanziellen Anreizen in Betracht ziehen, um die Entwicklung des EU-Marktes für grüne Anleihen im Einklang mit dem EU Green Bond Standard zu unterstützen.

Darüber hinaus will die EU ein „EU-Umweltzeichen" für Finanzprodukte einführen. Dafür werden gegenwärtig die (technischen) Kriterien entwickelt. Auch hierfür sollen die Regelungen des EU Green Bond Standards Vorbild sein. Diese Vorbildfunktion sollte gerade im Hinblick auf die Anteilscheine von sogenannten Green Bond Funds gelten.

Der EU Green Bond Standard wird ebenfalls nahelegen, die Auswirkungen der neuen grünen EU-Standards und -Regelungen auf die Entwicklung der („grünen") Finanzströme und ihre Wirkung hinsichtlich der Umweltziele der EU-Taxonomie zu überwachen. Sollte sich dabei herausstellen, beispielsweise nach einem Zeitraum von drei Jahren nach Einführung der Taxonomie und des EU Green Bond Standards, dass das Finanzsystem in Europa nicht signifikant nachhaltiger, grüner wird, dann sollte die Europäische Kommission weitere Maßnahmen und Rechtsvorschriften in Erwägung ziehen.

7.4 Hemmnisse für die Entwicklung des Green-Bond-Marktes

Obwohl sich der Markt für „grüne" Finanzinstrumente nach Einschätzung der EU in den vergangenen Jahren grundsätzlich positiv entwickelt hat, besteht dennoch ein Ungleichgewicht hinsichtlich des hohen Kapitalangebots der Anleger einerseits und der nur unzureichenden Kapitalnachfrage von Unternehmen andererseits. Dafür gibt es mehrere Gründe.

Mangel an förderfähigen grünen Projekten Echte grüne Projekte und nachhaltige Investmentmöglichkeiten sind nur eingeschränkt verfügbar, Unternehmen können nicht „über Nacht" grün werden. Die meisten „grünen" Finanzierungen, betreffen erneuerbare Energien, Immobilien, umweltfreundlichen Verkehr oder nachhaltiges Wassermanagement. Diese Mittelnachfrage reicht nicht aus, das entsprechende Mittelangebot zu befriedigen.

Offenbar ist die Fähigkeit der Emittenten limitiert, infrage kommende grüne Projekte und Investitionen für die Finanzierung zu identifizieren. Neben dem Mangel an echter grüner Mittelverwendung kann dies an der Unsicherheit darüber liegen, was von den Märkten als grün empfunden wird. Daher sind nach Einschätzung der EU direkte politische Maßnahmen erforderlich, um die Investitionen der Realwirtschaft in umweltfreundliche Investitionen und Infrastruktur zu erhöhen.

Bedenken der Emittenten hinsichtlich Reputationsrisiken und grüner Definitionen Emittenten werden nur dann verstärkt grüne Anleihen auflegen, so die Europäische Union, wenn sie im Vergleich zur Alternative keine zusätzlichen Risiken oder Unwägbarkeiten eingehen. Die Emission von Green Bonds umfasst die Abgrenzung grüner Projekte, die Formulierung eines grünen Rahmenwerkes, die korrespondierende Berichterstattung und die angemessene Platzierung. Mitunter haben Unternehmen in diesem Prozess schlechte Erfahrungen gemacht wie zum Beispiel negative Marktkommentare seitens Medien, Nichtregierungsorganisationen, Aktionären und Anderen. Auch solche Befürchtungen einer nachteiligen Öffentlichkeitswirkung könnte nach Meinung der EU die Emittenten von der Finanzierung über Green Bonds abhalten. Dies gilt insbesondere für Emittenten in Wirtschaftssektoren, die für den Übergang zu einer kohlenstoffarmen Wirtschaft von großer Bedeutung sind und bei denen die Identifizierung umweltfreundlicher Projekte nicht einfach ist (Kohlekraftwerke, Petrochemie).

Fehlen klarer wirtschaftlicher Vorteile für Emittenten Bislang fehlen signifikante Hinweise, dass Unternehmen mit der Emission eines Green Bond eine spürbar geringere Risikoprämie zahlen. Gleichzeitig fallen aber zusätzliche Kosten an, auch wenn die externen Kosten bei eindeutig und stark umweltfreundlichen Projekten nur relativ gering sind (in der Regel weniger als 40.000 EUR, hauptsächlich Gebühren für den externen Prüfer). Die internen Kosten für mit der Emissionsvorbereitung und den verbundenen Berichtspflichten befasste Mitarbeiter können jedoch höher sein. Dem stehen aber auch, so die EU, Vorteile gegenüber: Eine Diversifizierung der Anlegerbasis in Verbindung mit einer höheren Nachfrage und infolge ein niedrigeres Neuemissionsaufgeld, ein größeres Platzierungsvolumen oder längere Laufzeiten.

Komplexe und eventuell kostspielige externe Überprüfung Mittlerweile wird den Unternehmen von etlichen Dienstleistern eine Vielzahl an Überprüfungsmethoden mit sehr unterschiedlicher Qualität angeboten. Externe Prüfungen offerieren beispielsweise Rating-Agenturen, Wirtschaftsprüfungsunternehmen,

Zertifizierungsstellen, Öko-Dienstleister und Umweltberatungsunternehmen. Diese externen Prüfungen können ein sogenanntes ESG-Rating des Emittenten für die Nachhaltigkeitsleistung des gesamten Unternehmens sein, sich auf die Green Bond Principles beschränken, die Nachhaltigkeitswirkung eines Projektes bewerten, sich auf eine einzelne oder mehrere Transaktionen beziehen. Die große Bandbreite von Ansätzen, die von Akteuren mit sehr unterschiedlicher Expertise in Umweltfragen angeboten werden, schafft Unsicherheit für Emittenten und Investoren in Bezug auf den tatsächlichen Wert, die Qualität und die Auswirkungen der externen Überprüfung. Dies kann auch zu Mehrfachprüfungen und erhöhten Kosten führen.

Zeitintensive Berichtspflicht Die Marktteilnehmer erwarten von den kreditnehmenden Unternehmen, über die Verwendung der „grünen" Mittel und die Entwicklung sowie Umweltwirkung der finanzierten Projekte und Investitionen jährlich zu berichten. Diese Berichterstattung könnte von den Emittenten als erhebliche zusätzliche Belastung empfunden werden, was die Emission einer grünen Anleihe weniger attraktiv macht.

Unsicherheit über die Art der zu finanzierenden Investitionen und Ausgaben Bislang haben grüne Instrumente die Anschaffung und die laufenden Ausgaben für nachhaltige, umweltfreundliche Projekte und Investitionen finanziert. Dabei gab es ein breites Spektrum an sehr grünen und weniger grünen Verwendungsarten. Nach dem Dafürhalten der EU sollte ein objektiver und allgemeingültiger Standard zur Beurteilung der Umweltfreundlichkeit der Verwendung der aufgenommenen Mittel die Transparenz verbessern und so auch die Attraktivität für die Unternehmen in der Gestaltung solcher Verwendungen erhöhen (EU-Taxonomie).

Instrumente für die grüne Finanzierung

8

„Grüne Finanzierungen" werden bislang weit überwiegend in Form von Anleihen arrangiert. Auf dieses Instrument entfallen über 90 % des begebenen Volumens an Green Financing. Hinzu kommen Finanzierungen in Form von Schuldscheindarlehen, syndizierten Krediten oder auch traditionellen bilateralen Bankkrediten. Die Strukturen und Emittenten sind dabei sehr vielfältig. Tab. 8.1 gibt eine Übersicht der gängigen Fremdfinanzierungsinstrumente und ordnet diese den Kategorien „grün" im engeren Sinne und „nachhaltig" zu. Ein grünes Finanzierungsinstrument ist im weiteren Sinne auch die Aktie. In diesem Fall werden Unternehmen und Geschäftsmodelle bewertet und bei ausreichender grüner Qualität in speziellen Nachhaltigkeitsindizes geführt.

Tab. 8.1 Formen von nachhaltigen Unternehmensfinanzierungen

Green Bond, Grünes Schuldscheindarlehen, Grüner Bankkredit	Grüner revolvierender Bankkredit[a]
• Finanzierung von konkreten Projekten • Darlehen gegebenenfalls mit Tilgungsplan • Zertifizierung der Projekte möglich	• Finanzierung von konkreten Projekten • Rahmenlinie zur flexiblen Nutzung • Zertifizierung der Projekte möglich
Nachhaltiges Schuldscheindarlehen	**Nachhaltiger revolvierender Bankkredit**
• Nachhaltigkeit in Unternehmenskultur • Verwendungszweck nicht projektgebunden • Darlehen gegebenenfalls mit Tilgungsplan	• Nachhaltigkeit in Unternehmenskultur • Verwendungszweck nicht projektgebunden • Rahmenlinie zur flexiblen Nutzung

[a]Revolvierender Kredit (engl. Revolving Credit Facility): Kredite (sowohl bilateral als auch konsortial), die über einen bestimmten Zeitraum und bis zu einer bestimmten Höchstgrenze (immer wieder) in Anspruch genommen werden können, auch wenn sie während der Laufzeit teilweise oder vollständig getilgt wurden
Quelle: Eigene Darstellung

© Springer Fachmedien Wiesbaden GmbH, ein Teil von Springer Nature 2020   47
H.-W. Grunow und C. Zender, *Green Finance*, essentials,
https://doi.org/10.1007/978-3-658-28991-1_8

8.1   Der Green Bond (Anleihe)

Die grüne Anleihe (englisch: Green Bond) wird bei umweltfreundlichen Investitionen mit größeren Volumina eingesetzt. Dies sind in Europa fast immer Größenordnungen in Höhe von dreistelligen Millionenbeträgen. Weltweit finden sich aber auch zahlreiche Emissionen von (deutlich) unter 100 Mio. EUR.

Grundsätzlich gilt, dass Green Bonds nach den gleichen Kriterien bewertet und gekauft werden wie klassische Anleihen: Rendite kompensiert das Ausfallrisiko. Green Bonds sind daher kein neues Finanzinstrument, sondern sind festverzinsliche Wertpapiere mit einer zusätzlichen Anreizkomponente für Investoren. Die nachhaltige Verwendung der aufgenommenen Mittel lässt daher die Nachfrage nach diesen Anleihen steigen – sofern die anderen Konditionen gleich denen klassischer Papiere sind. Ein Ausgleich der grünen Komponente durch eine geringere Verzinsung der Anleihe findet bislang nicht oder nur marginal statt.

Die Laufzeiten dieser Anleihen liegen, abhängig vom Verwendungszweck, überwiegend zwischen fünf und 50 Jahren. Längere Laufzeiten wurden ebenfalls schon platziert, bei 99 Jahren und mehr dann als Hybridanleihen. In der Regel sind die Papiere börsennotiert, aber auch Privatplatzierungen kommen vor. Wie auch bei den traditionellen Anleihen ist dieser Markt eher ein Platz für institutionelle denn für private Anleger, nicht selten weisen die Anleihen mit einer Stückelung von 100.000 EUR Volumina auf, die für private Sparer nicht geeignet sind; Privatanleger können sich dann aber mit geringeren Volumina über nachhaltig investierende Publikumsfonds beteiligen.

Die Zertifizierung des zu finanzierenden Projektes durch eine unabhängige Agentur ist sinnvoll und oftmals auch zur Platzierung der Anleihe bei Investoren sinnvoll, aber nicht zwingend erforderlich.

8.2   Das grüne Schuldscheindarlehen

Das Schuldscheindarlehen ist im Grundsatz ein standardisierter Kredit. Während allerdings bei Anleihen und Aktien meist spezielle Fonds als Investoren auftreten, ist dies bei grünen Schuldscheindarlehen nicht der Fall. Schuldscheine werden in der Regel von Banken aus dem In- und Ausland einschließlich Sparkassen und Volks- und Raiffeisenbanken gezeichnet. Diese Investorengruppe umfasst weltweit 800 bis 1000 Institute und stellt praktisch einen geschlossenen Kreis dar, der sich auch nicht vergrößert, selbst wenn ein Schuldscheindarlehen über eine Zertifizierung verfügt. Das „grüne Label" hat hier bislang praktisch keine neuen Investorenkreise anziehen können.

Die limitierenden Anlagevorschriften für institutionelle Investoren stellen unverändert auf die Bonität der Darlehensnehmer (Credit Rating) ab; diese wird entweder mit einem investoreninternen Rating beziehungsweise mit einem externen Rating von einer namhaften Ratingagentur bestimmt. Spezifische Investitionskriterien mit Bezug zu Nachhaltigkeitsaspekten wurden hier bislang nicht definiert. Neben den „grünen" Schuldscheindarlehen haben sich jüngst erstmals auch „nachhaltige" Varianten am Markt gezeigt. Hier sieht der Preismechanismus (siehe auch Abschn. 8.3) sowohl bei fester als auch bei variabler Verzinsung einen Anreiz vor, indem bei einer Verbesserung des Nachhaltigkeit-Rating die Risikoprämie sinkt und umgekehrt (siehe auch Abschn. 8.3).

8.3   Der grüne Bankkredit

Ein weiteres gebräuchliches Green-Financing-Instrument ist der Bankkredit. Dazu gehören sowohl traditionelle bilaterale Kredite als auch syndizierte, von mehreren Banken gemeinsam gewährte Kredite (sogenannte Konsortialkredite). Da diese Konsortialkredite häufig der Liquiditätssicherung des Unternehmens dienen, wird ein Kreditrahmen festgelegt, der über die Kreditlaufzeit variabel in Anspruch genommen werden kann (revolvierend). In der Konsequenz wird – im Gegensatz zu Anleihen und Schuldscheindarlehen – kein fester Zinskupon ermittelt, sondern eine Kreditmarge, die im Falle einer Inanspruchnahme dem Referenzzins für die Ziehungsperiode hinzuaddiert wird.

In der Praxis werden die Kreditmargen nicht für die gesamte Darlehenslaufzeit fest zugesagt, sondern können sich mit der Bonitätsentwicklung des Unternehmens verändern. Hierzu werden häufig Kennzahlen wie der dynamische Verschuldungsgrad – Nettoverschuldung (Net Debt) zu EBITDA – oder, sofern vorhanden, das externe Rating des Unternehmens herangezogen. Im Fachjargon spricht man von einem Margengitter (Margin Grid). Dieser Preismechanismus wird bei revolvierend verfügbaren Kreditrahmen auch für die Ermittlung der Kreditmargen unter Nachhaltigkeitsgesichtspunkten verwendet. In diesem Fall wird nicht die Bonität des Unternehmens bewertet, sondern dessen Nachhaltigkeitsleistung. Dafür werden in den Kreditverträgen bestimmte Kriterien (Veränderung der Nachhaltigkeitsleistung) oder konkrete Nachhaltigkeitsziele wie CO_2-Emissionen definiert, bei deren Erreichen die Kreditmarge angepasst wird. Da die Kreditgeber im Sinne des Gläubigerschutzes (Schutz der Einlagen der Bankkunden) unverändert an Bonitätskriterien festhalten müssen, werden in der Praxis häufig Bonitäts- und Nachhaltigkeits-Margengitter miteinander verknüpft.

Eine Spielart ist in diesem Zusammenhang der „Positive Incentive Loan", also ein Bankkredit, der Zinsanreize setzt, damit sich das Nachhaltigkeit-Rating eines Unternehmens verbessert. Dafür wird der Kreditnehmer von einer unabhängigen Agentur bewertet. Wenn das Unternehmen sein Rating während der Laufzeit des Kredits verbessern kann, sinkt die Kreditmarge um ein paar Basispunkte – und umgekehrt. Dies soll dem Unternehmen einen Anreiz geben, seine Nachhaltig-keitsleistung zu verbessern und nicht zu verschlechtern. Die Regelungen hierfür werden in jedem Einzelfall individuell vereinbart, Standards hierfür bestehen nicht.

Mit grünen Anleihen können Kreditnehmer „neue" Investoren ansprechen, hier gibt es auch bei vielen Investoren mittlerweile zahlreiche Spezialportfolien, die ausdrücklich nur in Finanzinstrumente mit grünem Hintergrund investieren. Dies ist bei Bankdarlehen bislang nicht der Fall; hier können mit „Green Loans" (Grüne Darlehen) weder neue Banken angesprochen noch zusätzliche „Finanzierungstöpfe" angezapft werden: Die Gruppe der Kreditgeber ist gegen-über konventionellen Finanzierungen weitestgehend konstant.

8.4   Die nachhaltige Aktie

Nachhaltiges Wirtschaften wirkt sich tendenziell positiv auf die Unternehmens-bewertung aus. Denn die Beschäftigung mit innovativen Geschäftsfeldern (wie zum Beispiel erneuerbare Energien oder regenerative Rohstoffe), das Bemühen um ein besseres Risikomanagement und die stärkere Berücksichtigung von nicht ökonomischen Aspekten (wie zum Beispiel Umwelt oder Mitarbeiter) verringern Kosten, erschließen neue Geschäftsfelder und generieren zusätzliche Einnahmen. Diese erfreulichen Effekte schlagen sich bei der richtigen Herangehensweise schließlich auch im Aktienkurs nieder.

Die Analyse von Einzelwerten bestätigt diese Einschätzung. Hier sind regel-mäßig positive Effekte bei umfassenden Nachhaltigkeitsansätzen festzustellen. Besonders erfreulich fallen zum Beispiel beim Dow Jones Sustainability Index (DJSI, siehe Informationskasten „Repräsentative Aktienindizes") nachhaltige Unternehmen auf, die in ihrer Branche als „Leader" in Sachen Nachhaltigkeit zählen. So hat die überwiegende Mehrheit dieser „Leader" in den 59 Branchen des DJSI eine deutlich bessere Performance ihres Aktienkurses gezeigt als weni-ger nachhaltig agierende Branchenunternehmen. Die Kurse der Unternehmen mit herausragenden Leistungen im Nachhaltigkeitsbereich entwickeln sich nicht nur fast doppelt so gut wie ihr Nachhaltigkeitsindex, sondern schlagen auch kon-ventionelle Indizes.

Die umgekehrte Sichtweise ergibt das gleiche Ergebnis: Unternehmen mit einer sehr guten Entwicklung des Aktienkurses weisen neben guten finanziellen Ergebnissen auch überdurchschnittliche Leistungen in Bezug auf nachhaltiges Wirtschaften auf. Allem Anschein nach führt wirklich nachhaltiges Wirtschaften also grundsätzlich zu einer guten Performance des Aktienkurses. Erfolgreiche Geschäftsmodelle stellen Produktverantwortung, Nachhaltigkeit bei Produkten und der Prozesskette sowie Umweltverträglichkeit in den Vordergrund. Ein solch umfassender Nachhaltigkeitsansatz führt offenbar tatsächlich zu einer größeren Leistungsfähigkeit des Unternehmens, die dann auch von der Börse anerkannt wird.

Repräsentative Aktienindizes für nachhaltige Unternehmen
Der Dow Jones Sustainability Index (DJSI) ist eine Aktienindexfamilie. Der Dow Jones Sustainability World Index erfasst seit dem Jahr 1999 die nach eigener Erhebung nachhaltigsten 10 % der Unternehmen im S&P Global BMI (Broad Market Index). Die Selektion erfolgt nach ökonomischen, ökologischen und sozialen Kriterien. Für jede der im S&P Global BMI vertretenen 59 Branchen werden die führenden nachhaltigen Unternehmen identifiziert und in den Index aufgenommen.

Der Financial Times Stock Exchange for Good Index (FTSE4Good) wurde erstmals im Jahr 2001 aufgelegt und wendet als Indexfamilie ein ähnliches Auswahlprinzip wie der DJSI an. Die Auswahlkriterien sind so gestaltet, dass Investoren ihre „ESG-Risiken" (Environment, Social, Governance) möglichst weitgehend minimieren, indem in besonders nachhaltige Unternehmen investiert wird.

8.5   Die Instrumente für Anleger

Das Interesse privater und institutioneller Anleger an nachhaltigen und besonders umweltfreundlichen Geldanlagen ist in den vergangenen Jahren deutlich gestiegen. Privatanleger können in der Regel nur über wenige Green Bonds direkt in grüne Finanzierungen investieren. Der Markt für Schuldscheindarlehen und Bankkredite ist ohnehin nur institutionellen Investoren vorbehalten; limitierender Faktor ist in der Regel die wertmäßige Stückelung der Instrumente in Einheiten von 100.000 EUR. Daher haben viele institutionelle Investoren auf das gestiegene Interesse der Privaten reagiert und bieten spezielle Themenfonds an. Die Auswahl der entsprechenden Titel durch die Fonds (Anleihen und/oder Aktien) orientiert sich an den bereits besprochenen Richtlinien für Green Bonds beziehungsweise Kriterien für ein Nachhaltigkeit-Rating. Vielfach werden diese kombiniert mit individuellen Nachhaltigkeit-Ratings der Investmentgesellschaften.

In der Konsequenz erweitert sich das Anlageuniversum. Die Fondsgesellschaften investieren sowohl in klassische Unternehmensanleihen als auch in zertifizierte Green Bonds – sofern diese den individuellen Anlagerichtlinien entsprechen (zum Beispiel Unternehmen aus dem Gesundheitssektor). Neben dem Nachhaltigkeitsaspekt steht wie bei allen anderen „klassischen" Fonds ein ausgewogenes Risiko-Rendite-Profil im Vordergrund. Denn grün bedeutet nicht schon „per se" eine sichere Geldanlage.

Während in Deutschland den Fondsgesellschaften noch keine Mindestanlagebeträge für grüne Finanzierungen vorgegeben sind, ist dies beispielsweise in Frankreich der Fall. Die französische Gesetzgebung schreibt den Investmentgesellschaften vor, einen Teil der von Ihnen verwalteten Gelder in nachhaltige Anlagen zu investieren. Diese Vorschrift hat dazu beigetragen, dass französische Unternehmen sich in größerem Umfang mit grünen oder nachhaltigen Finanzinstrumenten finanzieren als beispielsweise deutsche Kapitalmarktadressen. Vor diesem Hintergrund dürften die Renditen für konventionelle Anleihen steigen, wenn die Investorennachfrage vom Gesetzgeber durch verbindliche Mindestanlagebeträge hin zu grünen Finanzinstrumenten gelenkt wird.

Ein Anlageinstrument bei Aktien für institutionelle wie private Investoren gleichermaßen sind börsengehandelte Fonds, sogenannte ETFs (Exchange Traded Funds). Diese ETF kaufen nachhaltige Aktien entsprechend der Gewichtung von Nachhaltigkeitsindizes oder entsprechend einer speziell festgelegten Auswahl von Aktien besonders nachhaltiger Unternehmen – oder bilden diese Gewichtung synthetisch nach. Damit erzielt ein ETF die Rendite, die alle Aktien des gewählten Index oder Korbs im Durchschnitt erzielen – und das zu vergleichsweise geringen Kosten.

Grüne Marktteilnehmer

9

Das Interesse des Marktes an grünen Finanzierungen wächst. Und die Wachstums-dynamik könnte noch größer sein, wenn die Kapitalnachfrage der Unternehmen für grüne Projekte noch höher und vielfältiger wäre. So fällt das Bemühen um „grüneres Wirtschaften" heute bei vielen privaten und institutionellen Investoren auf fruchtbaren Boden; diese Gruppe an Kapitalgebern nimmt ständig zu.

Die Entwicklung spiegelt sich in der deutlich steigenden Zahl an „grünen Mandaten" bei Fondsgesellschaften und in den kontinuierlich zunehmenden Volumina. Der Trend dürfte an Momentum nochmals zunehmen, wenn sich das Anlagespektrum mit mehr attraktiven Rendite-Risiko-Profilen weiter verbreitet oder gesetzliche Regularien institutionellen Investoren eine verbindliche Mindest-quote für grüne Geldanlagen vorschreiben.

9.1 Die Akteure auf Kapitalnehmerseite

Der größte Teil an klima- und umweltfreundlichen Finanzierungen wurde bislang von Banken und anderen Finanzdienstleistern begeben, auf sie entfallen etwa 25 % der bis zum Jahr 2019 weltweit platzierten Titel. Förder- und Entwicklungsbanken einschließlich Weltbank machen etwa 23 % aus (CAPMARCON 2020). Der hohe Anteil von Banken, Investmentboutiquen und anderen Finanzdienstleistern beim Green Financing resultiert aus dem leichteren Arrangement der Transaktionen und aus der größeren Auswahlmöglichkeit an zu finanzierenden Vorhaben. Denn Banken bündeln in der Regel mehrere kleine umweltfreundliche Projekte und bringen diese dann in Form eines „grünen Portfolios" an den Markt. Die Struktur erleichtert auch die Zertifizierung von Green Financing, da die Prüfung der einzel-nen unterliegenden Forderungen weniger intensiv ausfällt als bei Einzelvorhaben.

© Springer Fachmedien Wiesbaden GmbH, ein Teil von Springer Nature 2020
H.-W. Grunow und C. Zender, *Green Finance,* essentials,
https://doi.org/10.1007/978-3-658-28991-1_9

Drittgrößte Emittentengruppe sind bislang Staaten, Gebietskörperschaften und staatliche Einrichtungen/Unternehmen mit einem Anteil von etwa 20 % am Gesamtvolumen. Weitere große Nutzer von Green Financing sind Versorgungsunternehmen mit einem Anteil von etwa 15 % und Logistikunternehmen mit einem Anteil von etwa fünf Prozent. „Grüne" Finanzierungen von Industrieunternehmen nehmen zwar überdurchschnittlich stark zu, doch bislang entfallen auf sie nur 7 % des Green-Financing-Volumens. Die Bau- und Immobilienwirtschaft begab bislang etwa vier Prozent des Green-Financing-Volumens.

In anderen Sektoren spielen „grüne" Finanzierungen bislang nur eine untergeordnete Rolle. Dies liegt vor allem daran, dass hier umweltfreundliche Vorhaben meist einen geringen Umfang haben und in der Regel keine gesonderte Finanzierungstätigkeit erfordern. Diese Zurückhaltung dürfte sich erst ändern, wenn Investoren stärker auch in kleineren Einzelvolumina anlegen und/oder wenn Unternehmen noch stärker für nachhaltige Projekte und deren entsprechender Finanzierung sensibilisiert werden. Potenzial liegt besonders in der Darstellung und Vermarktung von umweltfreundlichen Projekten und der damit verbundenen grünen Finanzierung. Einen zusätzlichen Impuls könnte diese Finanzierungsart zumindest bei Bankkrediten und Schuldscheindarlehen erhalten, wenn Unternehmen nicht nur „grüne" Projekte, sondern auch „nachhaltige" Projekte finanzieren wollen.

9.2   Die Akteure auf Kapitalgeberseite

Je nach „grünem" Finanzierungsinstrument – Anleihe, Schuldschein, Kredit – lassen sich unterschiedliche Investorengruppen identifizieren. Investoren in grüne Finanzprodukte sind aber fast ausschließlich institutionelle Anleger, insbesondere Fondsgesellschaften. Diese bündeln einzelne Finanzierungen in grünen Themenfonds für private oder andere institutionelle Anleger. Hinzukommen, wenngleich hinsichtlich der Volumina eher in geringerem Maße, staatliche Pensionsfonds. Dies gilt zuvorderst für die Anleihe, den Green Bond. Die Zahl potenzieller Investoren kann durch die „grüne Gestaltung" von Finanzierungen vor allem bei Anleihen erhöht werden, in weiteren Fällen können Mittel mobilisiert werden, die speziell für nachhaltige Vorhaben und Projekte zur Verfügung stehen.

Grüne Schuldscheindarlehen werden fast ausschließlich von Banken gezeichnet, die dann nachhaltige Finanzierungen bündeln und diese dann ihrerseits durch Emission eines Green Bond refinanzieren. Auch bei grünen Konsortialkrediten stellen Banken die Mittel bereit und refinanzieren die ausgelegten Gelder gegebenenfalls mit der Emission von Green Bonds. Zwar lässt sich die Zahl möglicher Kreditgeber durch die „grüne Gestaltung" der Finanzierung nicht erhöhen. Der mögliche Vorteil liegt aber in einer tendenziell attraktiveren Refinanzierung dieser Gelder bei den Banken durch die Begebung eines Green Bond.

Grüne Aktien, also Anteilscheine von besonders nachhaltig wirtschaftenden Unternehmen, werden von allen Aktieninvestoren gekauft (in diesem Falle spricht man nicht von Kreditgebern, sondern von Kapitalgebern). Außerordentliches Interesse an grünen Aktien haben Fondsgesellschaften, die auch (mit spezialisierten Einzelfonds) oder ausschließlich in überdurchschnittlich nachhaltige Unternehmen investieren. Dies sind entweder Publikumsfondsgesellschaften (der weit überwiegende Teil) oder staatliche Pensionsfonds.

Bislang haben sich hinsichtlich der Anlagepräferenzen drei Investorenkategorien herausgebildet. Die erste Kategorie – gemessen am investierten Volumen mit rund 70 % die größte – orientiert sich bei der Geldanlage an Finanzkennziffern (Erträge) in Verbindung mit der (von unabhängigen Agenturen bewerteten) Nachhaltigkeitsleistung. Die zweite Kategorie – auf sie entfällt ein „grünes Volumen" von rund 20 % - umfasst Investoren, die Wertvorstellungen hinsichtlich Nachhaltigkeit haben und die bestimmte Felder ausschließen wollen wie zum Beispiel Glücksspiel oder Waffen. Typische Investoren sind hier kirchliche oder anders ethisch anlegende Investoren.

Die noch kleinste, aber ständig wachsende Gruppe – rund 10 % des Anlagevolumens – sind Investoren, die mit ihren Investments bestimmte Zwecke verfolgen, bestimmte Verwendungen unterstützen und in Sachen Nachhaltigkeit „etwas bewegen und verändern wollen" – wie zum Beispiel mit der expliziten Verfolgung der 17 Nachhaltigkeitsziele der Vereinten Nationen oder mit der gezielten Verringerung von Geschäftsrisiken, die sich aus Nachhaltigkeitsverfehlungen ergeben.

Die globale Gruppe von nachhaltig anlegenden Investoren ist sehr heterogen, es gibt keine weltweit einheitliche Investorengemeinschaft. Die Vorstellungen der Anleger sind von Kontinent und selbst von Land zu Land in einer Region mitunter sehr unterschiedlich. Dies eröffnet aber den Unternehmen Spielräume, mit für sie maßgeschneiderten Finanzierungskonzepten ausreichend Kapitalgeber zu finden. Auch können mit grünen Finanzierungen zusätzliche Investoren gewonnen werden, die sonst nicht in Titel dieses Emittenten investiert hätten.

Eckpunkte bei der Umsetzung grüner Finanzierungen

Green Finance ist im Hinblick auf ein nachhaltigeres Handeln – Begrenzung des Klimawandels, Schonung der natürlichen Ressourcen, Schutz der Umwelt – ein nützlicher Ansatz. Allerdings bedarf es dazu des entsprechenden Vorsatzes aller Beteiligten, diesen Ansatz mitzutragen und seine Spielregeln einzuhalten. Die richtige Herangehensweise beim Green Financing also kann positive Effekte für alle Beteiligten auslösen: Bei den Unternehmen ein verbessertes Image am Markt, eine Stärkung der Innovationskraft, eine höhere Leistungsfähigkeit und langfristig günstigere Finanzierungskonditionen; bei den Investoren eine größere Auswahl an attraktiven Rendite-Risiko-Relationen. Und der Umwelt ist schließlich am meisten geholfen.

10.1 Ablauf des Prozesses

Je besser und umfangreicher die folgenden Fragen beantwortet werden können, desto erfolgreicher lassen sich grüne Finanzierungen umsetzen. Tab. 10.1 erklärt, durch das „Drehen an welchen Schrauben" Unternehmen ihre Green-Financing-Effekte optimieren können.

- Auswahl des Geschäftsmodells oder Projektes: Was für Modelle/Projekte werden ausgewählt, wie nachhaltig sind sie und wie werden sie konzipiert? Wie, anhand welcher nachvollziehbaren Kriterien werden die Projekte bewertet und ausgewählt?
- Verwendung der Erlöse und Erträge: Wofür und wie werden die erlösten Mittel verwendet? Fließen die aufgenommenen Mittel ausschließlich in nachhaltige beziehungsweise klimafreundliche Verwendungen/Projekte? Wie ist

© Springer Fachmedien Wiesbaden GmbH, ein Teil von Springer Nature 2020
H.-W. Grunow und C. Zender, *Green Finance*, essentials,
https://doi.org/10.1007/978-3-658-28991-1_10

Tab. 10.1 Die Stellschrauben bei der erfolgreichen Umsetzung grüner Finanzierungen

Stellschraube	Aktionsspielraum
Haltung/Einstellung	Die unternehmerische Einstellung zum Thema Klimaschutz und Nachhaltigkeit – Stichwort: Nachhaltigkeitskultur – ist ganz entscheidend hinsichtlich der tatsächlichen grünen Ausprägung eines in Angriff genommenen Vorhabens mit Green Financing Je stärker also sich die Unternehmensführung dem grünen Anspruch verpflichtet fühlt und je stärker die Mitarbeiter für Nachhaltigkeitsthemen sensibilisiert sind, desto positiver fallen die Effekte des Green Financing aus
Projekte	Wichtige Stellschrauben sind die Auswahl und die Gestaltung/Organisation der „richtigen grünen Vorhaben". Dazu gehört insbesondere auch die exakte Abgrenzung dieses Vorhabens gegenüber der sonstigen, eventuell „ungrünen" Geschäftstätigkeit des Unternehmens Die richtigen Projekte müssen nicht nur sorgfältig ausgewählt und geplant werden, sie sollten sich bestens in den nachhaltigen Gesamtkontext des Unternehmens einfügen und nicht nur alleiniges Vorzeigeprojekt des Unternehmens für Marketing-Zwecke sein
Wirtschaftlichkeit	Zu einer ausführlichen, plausiblen und überzeugenden Darstellung des Green-Financing-Vorhabens zählt auch eine Kosten-Nutzen-Analyse, die einerseits die Vorteile für das Unternehmen als Kapitalnehmer präsentiert als auch vor allem die Vorteile für die Umwelt und das Klima. Dies dokumentiert nicht nur den grünen Charakter, sondern klärt auch die betriebswirtschaftliche Effizienz
Kapitalflüsse	Um das Green-Financing-Vorhaben nicht zu „kontaminieren", sollten die Kapitalflüsse aus dem finanzierten Vorhaben sorgfältig getrennt werden von den sonstigen Unternehmensfinanzen. Dies betrifft sowohl die Verwendung der aufgenommenen Mittel als auch die mithilfe dieses Vorhabens erlösten Gelder Bei ausdrücklich grünen Projekten muss sichergestellt sein, dass die mit Green Financing erlösten Mittel nur für nachhaltige Zwecke im Unternehmen verwendet werden
Transparenz	Der anfänglichen Präsentation und Erklärung des Vorhabens muss sich eine laufende Berichterstattung über die Entwicklung dieses Vorhabens anschließen Dazu gehört insbesondere die Darstellung der Mittelverwendung und der tatsächlichen, gemessenen, überprüfbaren Wirkung des Vorhabens auf Umwelt und Klima (Analyseergebnisse)

(Fortsetzung)

Tab. 10.1 (Fortsetzung)

Stellschraube	Aktionsspielraum
Stellung von Nachhaltigkeit	Positiv ist eine starke Stellung von Nachhaltigkeit und Nachhaltigkeitsmitarbeitern im Unternehmen. Dies spiegelt sich zum Beispiel in einem Vetorecht dieser Mitarbeiter bei Geschäftsvorgängen oder Investitionen, die nicht dem propagierten Nachhaltigkeitsanspruch genügen Der Aspekt ergänzt die eingangs der Tabelle genannte Entwicklung einer geeigneten Nachhaltigkeitskultur im Unternehmen
Zertifizierung	Schließlich ist die Auswahl des Zertifizierers („Second Party Opinion") von Bedeutung. Je nach Schwerpunkt des jeweiligen Anbieters und je nach Bewertungssystematik ergeben sich hier für Emittenten auf jeden Fall Spielräume, um dem gewünschten Vorhaben eine mehr oder weniger günstige Außenwirkung von Green Financing zu verschaffen

Quelle: Eigene Darstellung

das Geschäftsmodell/Projekt organisiert und wie wird es kontrolliert? Wie geht das Management mit Erlösen aus dem Modell/Projekt um?

- Berichterstattung vor der Finanzierung: Wie wird vor Mittelaufnahme darüber informiert?
- Nicht-Kontamination des Erlöses: Werden „grüne" Kapitalflüsse theoretisch exakt abgegrenzt?
- Berichterstattung nach der Finanzierung: Wie wird über Fortgang und Wirkung des Projektes sowie die Mittelverwendung berichtet?
- Mediale Verwertbarkeit grüner Finanzierungen: Wie gut und überzeugend wird das nachhaltige Handeln und das ökologische Gesamtkonzept des Unternehmens kommuniziert?

10.2   Zeitaufwand und Kosten

Grundsätzlich werden Finanzinstrumente immer nach dem Rendite-Risiko-Profil bewertet, das heißt, unabhängig davon, ob beispielsweise Eigen- oder Fremdkapital in die Kalkulation einfließen: Zinsen bei Krediten und erwartete Dividenden/Kursgewinne bei Aktien sowie Risiken wie Kreditausfälle oder Kursverluste. In der Folge ergibt sich die Attraktivität eines Investments aus dem Verhältnis von erwarteten Erträgen und dem damit verbundenen Risiko, gleich ob „green" oder „non-green". Dies bedeutet: Grüne Kreditinstrumente wie Anleihe,

Schuldscheindarlehen oder (syndizierter) Kredit bieten gegenwärtig noch keine oder nur geringe finanziellen Vorteile. Die Vorteile ergeben sich vielmehr aus Prozessoptimierungen, verbesserter Außenwirkung oder vergrößertem Investorenkreis.

Wichtige Vorbereitungsschritte für Green Financing sind die Entwicklung und die Formulierung der Strategie (Green Framework), die Projektkonzeption und -beschreibung, die Projektkalkulation, die Gespräche sowie Abstimmungen mit dem Zertifizierer, das Schreiben des Kommunikationsplans und schließlich die mediale Verwertung. Gegenüber konventionellen Finanzierungen erfordert dies um Nachhaltigkeitsaspekte erweiterte Darstellungen, Präsentationen und Dokumentationen.

Der damit verbundene Zeitaufwand zur Realisierung einer grünen Finanzierung ist letztlich abhängig vom Umfang und von der Detailliertheit der bisherigen (Nachhaltigkeits-)Planung. Bei guten Kenntnissen der relevanten Materie und ausreichender Vorbereitung im Rahmen der Nachhaltigkeitsstrategie fallen in der Regel zur Erarbeitung der skizzierten Vorbereitungsaspekte nur zwei bis vier Manntage an.

Bei einer Finanzierung beispielsweise mit einem Volumen von 100 Mio. EUR entstehen durch das Green Financing Zusatzkosten von lediglich 0,03 % bis 0,05 %. Die laufende Überprüfung eines Projektes durch unabhängige Dritte ist sinnvoll, aber nicht zwingend erforderlich. Der Zeitaufwand liegt dann – die entsprechende Vorbereitung bei der Projektkonzeption vorausgesetzt – beim Unternehmen jährlich bei einem Manntag. Die laufenden externen Prüfkosten pro Jahr liegen unter 0,02 %.

10.3   Die Vorteile nachhaltigen Wirtschaftens

Das umweltschonende und ressourcensparende Wirtschaften, die Verwendung erneuerbarer Rohstoffe, der faire Umgang mit Kunden, Mitarbeitern und Geschäftspartnern bringen Vorteile über ökologische und gesellschaftliche Verantwortung im ethischen Sinne hinaus. Zum Beispiel sparen effizientere Prozesse Stromkosten, die Verwendung erneuerbarer Rohstoffe kann unabhängiger machen von Preisschwankungen bei auf Erdölbasis hergestellten Vorprodukten, spezielle Mitarbeiterprogramme lassen in der Regel die Krankheits- und auch Unfallquote sinken. Eine gezielte Umstellung der Produktpalette auf Nachhaltigkeit erhöht die Innovationsfähigkeit. Nachhaltiges Wirtschaften führt schließlich zu einer Image-Verbesserung.

Hintergrundinformation
Positive Wirkungen von Nachhaltigkeit auf die Geschäftsentwicklung (Beispiele)

- Die Umstellung auf verbrauchssenkende Energieerzeugung und auf regenerative Energie bringt eine entsprechende Verringerung des Verbrauchs an fossilen Brennstoffen. Damit wird die Auswirkung von Preisschwankungen ebenso verringert wie emissionsabhängige Abgaben und Gebühren.
- Die Substitution von petrochemisch basierten Rohstoffen kann Preisvolatilitäten verringern helfen.
- Bewusst nachhaltiges Wirtschaften verbessert in der Regel die Prozesssicherheit.
- Nachhaltigkeit in Forschung und Entwicklung erhöht die Produktsicherheit.
- Eine Nachhaltigkeitsanalyse des gesamten Produktlebenszyklus einschließlich der Wiederverwertbarkeit der Produkte gibt Hinweise auf Innovationspotenziale.
- Ein ganzheitlicher Nachhaltigkeitsansatz im Unternehmen verbessert die Mitarbeitergesundheit und Mitarbeitermotivation.
- Nachhaltige Produkte schaffen sich gegenüber konventionellen Produkten meist stabilere Absatzmärkte.

Der Einsatz umfassender Nachhaltigkeitskonzepte führt zu einer Verringerung von Risiken im Unternehmen. Dies sind Risiken hinsichtlich Produktqualität (Minderleistung, Unfälle, Haftung etc.), Reputation (Gefahren in der Wertschöpfungskette, Ansehensverluste) oder Compliance (Verletzung gesetzlicher Maßgaben wegen Korruption, Bestechung etc.). Entsprechende nachhaltige Prävention beugt möglichen Krisenfällen vor. Gute Reputation und hohe wie verlässliche Produktqualität bringen darüber hinaus eine stärkere Kundenbindung.

10.4 Finanzkommunikation zu Green Finance

Ungeachtet der steigenden Nachfrage nach Green-Finance-Produkten: Eine gute Kommunikationsleistung zu grünen Finanzierungsmaßnahmen verstärkt die in den vorangegangenen Kapiteln beschriebenen positiven Effekte. Diese Kommunikation verfolgt im Wesentlichen zwei Ziele: Sie dient einerseits der Präsentation des nachhaltigen Einsatzes von aufgenommenem Fremdkapital. Und sie dient andererseits der Beschreibung der Nachhaltigkeitsleistung eines Unternehmens für das interessierte (Investoren-)Publikum. Mit anderen Worten: Die Nachhaltigkeitskommunikation für Green Financing unterstützt – über die eigentliche Leistung der Finanzierungsmaßnahme hinaus – die Beschreibung des Finanzierungsvorhabens, bereitet die relevanten Informationen für Rating-Agenturen auf, präsentiert das Vorhaben am Markt und berichtet regelmäßig über die Entwicklung des finanzierten Projektes und deren Auswirkungen auf die Umwelt.

Die Glaubwürdigkeit der Green-Finance-Kommunikation ist umso höher, je umfassender und zutreffender und nicht nur schöngefärbt berichtet wird. Deshalb ist wichtig, neben ausgewählten positiven Aspekten auch kritische Punkte, wie sie beispielsweiser in den Einschätzungen der Rating-Agenturen erwähnt werden, dem Finanzmarkt mitzuteilen. Nur mit einer Gesamtwürdigung aller relevanten Aspekte lässt sich ein aussagekräftiges Rendite-Risiko-Profil bestimmen, das tendenziell günstigere Konditionen durch Green Financing möglich machen könnte.

Grün ist nicht gleich grün. Dennoch müssen sich unterschiedliche „Nachhaltigkeitsgrade" von Unternehmen oder Projekten messen und vergleichbar machen lassen, um sie und ihr Chance-Risiko-Verhältnis angemessen beurteilen zu können. Aus diesem Grunde muss ein Unternehmen ein aussagekräftiges Profil des zu finanzierenden umweltfreundlichen Vorhabens zeichnen und alle relevanten Informationen zur Verfügung stellen. Dies umfasst die Felder Projektqualität, Projektstruktur, Projektmanagement und Projekttransparenz.

Kommunikationsschwerpunkte im Rahmen grüner Finanzierungen

- Einbettung in die Gesamtstrategie: Warum passen das Projekt und die korrespondierende grüne Finanzierung in die nachhaltige, umweltfreundliche Strategie des Unternehmens und welchen Nutzen bringen die geplanten Maßnahmen?
- Verwendung der Erlöse: In welche klimafreundlichen Projekte fließen die aufgenommenen Mittel?
- Prozess der Projektbewertung und -auswahl: Wie wurde das Projekt ausgewählt? Wie ist das Projekt konzipiert?
- Ergebnis der Kosten-Nutzen-Analyse: Mit welchen Maßnahmen und welchem Aufwand wird welcher Klima-/Umwelteffekt erzielt?
- Verwendung und „Nicht-Kontamination" des Erlöses: Wofür und wie werden die erlösten Mittel verwendet? Wie geht das Management mit Erlösen aus dem Projekt um? Werden „grüne" Kapitalflüsse von „nicht-grünen" im Unternehmen exakt abgegrenzt?
- Interne Prozesse und Kontrollen: Wie ist das Projekt organisiert und wie wird es kontrolliert?
- Laufende Berichterstattung: Über den Fortgang des Projektes wird transparent berichtet. Wie entwickelt sich das geplante Vorhaben? Welche Klima- oder Umwelteffekte haben sich tatsächlich ergeben?

Darüber hinaus werden die zu erwartenden Regelungen der Europäischen Union einen erheblichen Einfluss auf die Transparenz und Kommunikation von

Unternehmen in Nachhaltigkeitsbemühungen gerade auch bei Green-Finance-Maßnahmen haben. So wirkt die EU auf die Festlegung einer gemeinsamen „Sprache" für das nachhaltige Finanzwesen hin. Für die Kommunikation bedeutet dies, sich an das künftige einheitliche Bewertungsraster und die entsprechende Terminologie anzupassen.

Die EU will auf der Grundlage eines Klassifikationssystems ein spezielles Kennzeichen für „grüne" Finanzprodukte schaffen (Europäische Kommission 2018, S. 6). Für die Kommunikation (und überdies auch für das Finanzmanagement) bedeutet dies, Kenngrößen und Zielgruppen an dem neuen Gütesiegel auszurichten. In diesem Zusammenhang werden institutionelle Investoren vor die Aufgabe gestellt, ihre Kriterien zur Nachhaltigkeit bei der Mittelanlage anzupassen. Für die Kommunikation der Unternehmen bedeutet dies, unter Umständen andere oder weitere und eventuell in geänderter Häufigkeit Informationen zur Verfügung stellen zu müssen, damit die Investoren ihre entsprechenden Auflagen erfüllen können.

Darüber hinaus gibt es in der EU Überlegungen, Versicherungen, Banken und anderen Finanzdienstleistern neue Verpflichtungen aufzuerlegen, ihre Kunden entsprechend deren Nachhaltigkeitspräferenzen zu beraten. Für die Kommunikation bedeutet dies, unter den veränderten Rahmenbedingungen Banken und Finanzdienstleistern bestimmte Informationen bereit zu stellen (vor allem hinsichtlich Struktur, Inhalt, Häufigkeit), um diesen ihre neue Aufgabe zu erleichtern.

Schließlich plant die EU die Einbeziehung des Kriteriums Nachhaltigkeit in die Aufsichtsvorschriften, was bei nachhaltig investierenden Anlegern unter Umständen eine erneute Feinabstimmung der Kapitalanforderungen bedeuten könnte. Für die Kommunikation bedeutet dies, entsprechende Informationen (vor allem mit geänderter Häufigkeit) bereit zu stellen, um Investoren bei der Erfüllung dieser Auflagen zu unterstützen. Und die EU überlegt, größere Transparenz in den Unternehmensbilanzen herzustellen. Dazu sollen die Leitlinien für nichtfinanzielle Investitionen an die Empfehlungen der „Task Force on Climate-Related Financial Disclosures" (TCFD) angeglichen werden (Europäische Kommission 2019, S. 4).

10.5 Effekte des Green Finance

▶ Die Beschäftigung mit Green Financing löst ein Umdenken der Unternehmensführung hinsichtlich einer nachhaltigen, risikoärmeren Geschäftsstrategie aus.

▶ Das Arrangement von Green Financing dient als Vorbereitung, wenn die heutige Kür in der Europäischen Union oder anderen wichtigen Wirtschaftsräumen einmal zur Pflicht wird (Auflagen, Regulierung).

▶ Die Platzierung von Green Finance kann – zuvorderst bei marktorientierten Instrumenten wie der Anleihe – mit dem Zugang zu neuen Investoren verbunden sein, was die Finanzierungsbasis von Unternehmen mit eventuell auch neuen Instrumenten verbreitert.

▶ Der Einsatz von Green Financing mit dem geeigneten Gesamtkonzept führt für das Unternehmen in der Regel zu einem Image-Gewinn, der sich in vielen Fällen medial verwerten lässt.

▶ Green Financing dient nicht nur einem kurzfristigen Marketing-Effekt, sondern vielmehr – im Rahmen eines entsprechenden Gesamtkonzeptes – zur langfristigen Image-Entwicklung. Mit dem richtigen Ansatz und der richtigen Platzierung der Nachhaltigkeitsleistung im Allgemeinen (Unternehmen) und im Speziellen (Projekt) kann die korrespondierende Reputation in der Öffentlichkeit und am Finanzmarkt positiv entwickelt werden.

▶ Green Financing führt zu einer günstigeren Einschätzung von Ertragsstabilität und Risikoprofil nicht nur bei Aktionären und Fremdkapitalgebern, sondern auch bei Kunden und Mitarbeitern.

▶ Green Financing bedeutet den Einstieg zu mehr Transparenz hinsichtlich der Geschäftstätigkeit eines Unternehmens auch außerhalb der zu finanzierenden Projekte und Vorhaben.

▶ Green Financing und die Beschäftigung mit dem Geschäftsmodell sowie allen Unternehmens- und Wertschöpfungsprozessen erleichtern die Identifizierung von dauerhaften Kostensenkungspotenzialen und die Ausschaltung von Risiken.

▶ Dieser Reputationsgewinn und eine eventuell künftig stärkere gesetzliche Förderung von Green Financing könnten mittel- bis langfristig einen Vorteil bei den Finanzierungsbedingungen bedeuten.

▶ Zu guter Letzt: Grundsätzlich ist jede Verbesserung aus ökologischer Sicht willkommen, auch wenn sie nur klein ausfällt. Doch aus betriebswirtschaftlicher Sicht darf der Effizienzgedanke nicht unberücksichtigt bleiben.

„Grüne" Finanzierungen verändern nicht die Welt, sie sind aber der Spiegel dessen, was sich in der Welt verändert. Green Financing kann also langfristig nur Erfolg haben und seine Dynamik behalten, wenn die zu finanzierenden Vorhaben mit Blick auf die Umwelt nicht nur kurzfristige Lösungen bieten und gegenwärtige Strukturen konservieren. Green Financing muss helfen, wichtige Aufgaben zu lösen, mit denen sich die Volkswirtschaften aktuell konfrontiert sehen. Green Financing darf nicht zum Green Washing mutieren.

Was Sie aus diesem *essential* mitnehmen können

- Warum Green Finance für Unternehmen eine überlegenswerte Option ist
- Welche Instrumente im Green Finance auf welche Weise am besten eingesetzt werden
- Was künftig an Regularien und Marktstandards auf Green Finance zukommt
- Welche Aspekte und Kriterien beim erfolgreichen Green Finance zu beachten sind
- Wie sich Green Finance individuell optimiert platzieren und vermarkten lässt

© Springer Fachmedien Wiesbaden GmbH, ein Teil von Springer Nature 2020
H.-W. Grunow und C. Zender, *Green Finance,* essentials,
https://doi.org/10.1007/978-3-658-28991-1

Literatur

CAPMARCON. (2020). CAPMARCON CAPITAL Spezial, Starke Dynamik beim Wachstum grüner Finanzierungen, Nr. 53, Stuttgart.

Climate Bonds Initiative (CBI). (2017) Climate bonds standard, version 2.1, London. https://www.climatebonds.net/files/files/Climate%20Bonds%20Standard%20v2_1%20-%20January_2017.pdf. Zugegriffen: 2. Dez. 2019.

Europäische Kommission. (2018). Aktionsplan: Finanzierung nachhaltigen Wachstums, Brüssel. https://eur-lex.europa.eu/legal-content/DE/TXT/PDF/?uri=CELEX:52018DC0097&from=EN. Zugegriffen: 2. Dez. 2019.

Europäische Kommission. (2019). Guidelines on non-financial reporting: Supplement on reporting climate-related information, Brüssel. https://ec.europa.eu/transparency/regdoc/rep/3/2019/EN/C-2019-4490-F1-EN-MAIN-PART-1.PDF. Zugegriffen: 2. Dez. 2019.

Europäisches Parlament. (2018). Standpunkt des Europäischen Parlaments, Straßburg. http://www.europarl.europa.eu/doceo/document/TA-8-2018-0024_DE.html. Zugegriffen: 2. Dez. 2019.

European Union High-Level Expert Group on Sustainable Finance. (2017). Financing a sustainable european economy, Brüssel, Interim Report. https://www.greengrowthknowledge.org/sites/default/files/downloads/resource/Financing%20a%20Sustainable%20European%20Economy.pdf. Zugegriffen: 2. Dez. 2019.

European Union Technical Expert Group on Sustainable Finance. (2019a). Taxonomy technical report, Brüssel. https://ec.europa.eu/info/sites/info/files/business_economy_euro/banking_and_finance/documents/190618-sustainable-finance-teg-report-taxonomy_en.pdf. Zugegriffen: 2. Dez. 2019.

European Union Technical Expert Group on Sustainable Finance. (2019b). Report on EU green bond standard, Brüssel. https://ec.europa.eu/info/files/190618-sustainable-finance-teg-report-green-bond-standard_en. Zugegriffen: 2. Dez. 2019.

International Capital Market Association (ICMA). (2018). Green bond principles, voluntary process guidelines for issuing green bonds, Paris. https://www.icmagroup.org/green-social-and-sustainability-bonds/green-bond-principles-gbp/. Zugegriffen: 2. Dez. 2019.

© Springer Fachmedien Wiesbaden GmbH, ein Teil von Springer Nature 2020
H.-W. Grunow und C. Zender, *Green Finance, essentials,*
https://doi.org/10.1007/978-3-658-28991-1

United Nations. (1998). Kyoto protocol to the United Nations framework convention on climate change, Washington. https://unfccc.int/resource/docs/convkp/kpeng.pdf. Zugegriffen: 2. Dez. 2019.

United Nations. (2015). Transforming our world: The 2030 agenda for sustainable development, A/RES/70/1, Washington. https://www.un.org/en/development/desa/population/migration/generalassembly/docs/globalcompact/A_RES_70_1_E.pdf. Zugegriffen: 2. Dez. 2019.

Printed in the United States
By Bookmasters